MANUAL do MINISTÉRIO de LOUVOR

Manual do Ministério de Louvor – edição revista e atualizada
Copyright © 2018 by Ricardo Marcos Corrêa
Copyright © 2018 by Editora Ágape Ltda.

COORDENAÇÃO EDITORIAL: Rebeca Lacerda
PREPARAÇÃO: Fernanda Guerriero Antunes
REVISÃO: Tássia Carvalho
CAPA E DIAGRAMAÇÃO: Rebeca Lacerda

EDITORIAL
João Paulo Putini • Nair Ferraz • Rebeca Lacerda
Renata de Mello do Vale • Talita Wakasugui • Vitor Donofrio

Texto de acordo com as normas do Novo Acordo Ortográfico da Língua Portuguesa (1990), em vigor desde 1º de janeiro de 2009.

Dados Internacionais de Catalogação na Publicação (CIP)

Corrêa, Ricardo Marcos
  Manual do ministério de louvor : uma manual para ministros, vocalistas, músicos e afins / Ricardo Marcos Corrêa. — 2. ed. rev. e atual. -- Barueri, SP : Ágape, 2018.

  1. Ficção cristã 2. Ficção norte-americana 3. Bíblia – História de fatos bíblicos – Ficção I. Título II. Carvalho, Tássia

18-0188   CDD-264.2
Índice para catálogo sistemático:
1. Música nas igrejas : Cristianismo   264.2

EDITORA ÁGAPE LTDA.
Alameda Araguaia, 2190 – Bloco A – 11º andar – Conjunto 1112
CEP 06455-000 – Alphaville Industrial, Barueri – SP – Brasil
Tel.: (11) 3699-7107 | Fax: (11) 3699-7323
www.editoraagape.com.br | atendimento@agape.com.br

RICARDO MARCOS CORRÊA

EDIÇÃO REVISTA E ATUALIZADA

MANUAL do MINISTÉRIO de LOUVOR

UM MANUAL PARA MINISTROS, VOCALISTAS, MÚSICOS E AFINS

São Paulo, 2018

DEDICATÓRIA

A VIDA sem amor não tem valor algum. Nossos dons sem amor não têm nenhuma utilidade, a não ser fazer um barulho irritante.

> *Eu poderia falar todas as línguas que são faladas na terra e até no céu, mas, se não tivesse amor, as minhas palavras seriam como o som de um gongo ou como o barulho de um sino.* (1Co 13.1 – NTLH)

Durante a minha trajetória, sempre estive cercado de pessoas cheias de amor na vida, e pela vida, as quais possuem dons maravilhosos; o maior deles, porém, é o amor. O amor com que se dedicam a fazer as coisas e inspirar os outros a realizar suas tarefas, cumprir seus desafios e deixar legados por onde passam. De alguma forma, elas cruzaram o meu caminho e eu o caminho delas. O importante a saber é que Deus está e sempre estará no controle de tudo o que nos acontece. Sem o amor e a voluntariedade dessas pessoas, jamais poderia avançar e realizar este projeto literário e outros também.

> *Todas as coisas são feitas de acordo com o plano e com a decisão de Deus. De acordo com a sua vontade e com aquilo que ele havia resolvido desde o princípio, Deus nos escolheu para sermos o seu povo, por meio da nossa união com Cristo.* (Ef 1.11 – NTLH)

Eu quero agradecer aos meus irmãos, companheiros no ministério de nossa igreja local e que há tantos anos compartilham de paciência, de perseverança, de fé, do pão de cada dia e dos sonhos que temos em Deus.

Muito obrigado aos profissionais da Editora Ágape, que primam por um produto que possa edificar significativamente a vida dos leitores, promovendo sempre um espaço para propagar conteúdo de ponta, pois buscam inovação em cada lançamento.

A cada desafio que enfrentamos, é inevitável lembrarmos um conselho de um professor ou pastor de alguém que preparou o caminho para hoje andarmos nele. Em tudo o que realizamos, há partículas de vários legados de pessoas antes de nós. Obrigado a tantos líderes com quem tive contato para aprender, ser desafiado, corrigido e conduzido.

Agora, há mais um companheiro nessa caminhada: você, que está lendo este livro neste instante. Sou grato pelo privilégio que me concede de permitir compartilhar um pouco de tudo o que aprendi. Ainda estamos em evolução, e passei a tê-lo como parceiro para enriquecer esse desenvolvimento.

PREFÁCIO

O CONHECIMENTO só adquire um valor maior quando é compartilhado, tornando-se útil para outros; isso é multiplicador. Se há uma forma eficaz para perpetuar algo é transferindo isso para as próximas gerações.

Lembro-me de quando comecei a servir na área da música na igreja há mais de trinta anos. Busquei por pessoas e literatura que me elucidassem a respeito do assunto, mas não encontrei facilmente. Naquele tempo, nem se referiam ao grupo de músicos e ministros da igreja como Ministério de Louvor, mas já ouvíamos rumores de uma mudança de perspectiva à luz da Palavra de Deus, que alinhou muita coisa nessa área.

Creio que este livro é fruto dessa mudança vivida naquele tempo por toda a igreja, que se traduziu na voz de um mentor que Deus levantou na nossa nação, o Pr. Ricardo Corrêa. Alguém dotado de um dom maravilhoso, o dom da escrita, que se dispôs a repartir com amor um conhecimento adquirido pela graça de Deus em sua caminhada cristã ministerial.

Com muito equilíbrio, ele conseguiu abordar as duas áreas fundamentais relacionadas ao Ministério de Louvor: espiritual e técnica. De modo que, ao navegar por assuntos pertinentes a esse ministério – o relacionamento com Deus e com a igreja, a importância da Palavra e da oração, o chamado, técnica de áudio, funções de cada membro do ministério etc. –, ele conseguiu nos levar a uma reflexão esclarecedora de que a partir de um relacionamento de amor com Deus nos tornamos cada vez mais excelentes naquilo que praticamos para Ele e em nome Dele.

Este livro é uma leitura imperdível para quem atua nessa área, uma oportunidade para crescimento e desenvolvimento em sua vida cristã e ministério. Ao ler cada página, me alegrei profundamente no Senhor pela vida do Pr. Ricardo, por sua iniciativa de compartilhar seu conhecimento e experiência.

Quero deixar aqui o meu convite pessoal para você mergulhar e desfrutar este livro, que já está em sua segunda edição e conta com a adição de um devocional muito edificante.

Christie Tristão
Ministra de louvor e líder do Ministério Asas da Adoração; e diretora da Escola Adorando e do portal de mesmo nome.

APRESENTAÇÃO

CHEGAMOS A OUTRA fase de nosso trabalho, um livro reestruturado com adições minuciosamente preparadas para instrumentar vidas e ministérios. Graças ao tempo e à maturidade que o *Manual do Ministério de Louvor* alcançou, passando nas mãos de incontáveis leitores, e por ser uma leitura de extrema importância e conveniência, estas páginas ganham uma nova configuração e força para alcançar um caminho muito mais distante já percorrido até agora.

Contando com textos mais eficientes e explicativos, novas matérias foram preparadas com o objetivo de completar o que já havia nas suas linhas. Os temas são alinhados às necessidades do cotidiano de todos os ministérios de louvor, ministros e músicos. Não é uma obra teórica, mas um compêndio de auxílios úteis, práticos e objetivos. Renuncia-se aqui à ideia comum de textos longos cheios de palavras, que se comportam apenas como um labirinto para preencher páginas, e concentra-se no que realmente importa e ofereça solução aos muitos problemas relacionados ao ministério de louvor.

Este livro é uma espécie de cápsula de "conhecimento e sabedoria". De conhecimento, por causa do que é técnico e científico; de sabedoria, pelas experiências vividas em décadas no exercício do ministério em questão.

As matérias abordadas com esse duplo reforço, "conhecimento e sabedoria", são experimentos de todos os envolvidos nessa frente de trabalho, porém foram separadas para esclarecer dúvidas e propor recursos preventivos e corretivos. Aqui você vai encontrar os tópicos anteriormente abordados e as adições para ampliar as informações.

Às vezes, um simples ensaio se torna uma experiência traumática sem produtividade. Neste livro, há clara orientação para um ensaio otimizado e muitos outros itens não relacionados na lista anterior, mas que está lá esperando sua visita para extrair um aprendizado favorável. Você já se perguntou, por exemplo, como alinhar as caixas corretamente no templo? Infelizmente, muitas empresas que vendem equipamentos às igrejas fornecem orientação errada na instalação e distribuição do som.

O ministério de louvor é composto de pessoas, e sabemos o quão difícil é lidar com os vários temperamentos delas. No *Manual do Ministério de Louvor*, é oferecida uma orientação para esse alistamento, pois é preciso uma seletividade, ato indispensável para compor o quadro de participantes. Embora a igreja deva ser inclusiva, precisamos de indivíduos dispostos a deixar o comodismo para se qualificar nas técnicas de serviço, instrumentos, voz etc. Como escolher as músicas certas? Como iniciar projetos relacionados a novos grupos e organizar o trabalho geral do ministério de louvor? Este é um livro de cabeceira, aquela leitura à mão para ser consultada sempre que precisar.

Tudo está escrito de forma clara e bem explicada. Leia este conteúdo junto com o ministério de louvor para conseguir o engajamento máximo da sua equipe. Use a ferramenta de estudos devocionais, pois ali há um guia simples e eficaz para fortalecer a base espiritual do ministério. Aproveite cada dispositivo oferecido nesta nova revisão do *Manual do Ministério de Louvor*.

> *Somos somente servidores de Deus [...]. Cada um de nós faz o trabalho que o Senhor lhe deu para fazer: Eu plantei, e Apolo regou a planta, mas foi Deus quem a fez crescer.* (1Co 3.5-6 – NTLH)

Este é o coração deste livro, o propósito, cooperar com o Reino de Deus. Faça a sua parte, ponha força para aperfeiçoar o serviço de adoração oferecido aos homens e ao Senhor. Cada um de nós possui uma responsabilidade individual. Se fizermos o que nos é confiado fazer, e um pouco além, o Pai certamente dará o crescimento, para Sua glória e louvor.

SUMÁRIO

PARTE I - MINISTÉRIO DE LOUVOR

Alistamento 19
   A seletividade de Deus 21
   Requisitos para ministros e músicos 24
   As qualificações de aptidão 27
   Função de cada componente 29
   Músicos instrumentistas 32
   Tarefas dos vocalistas 33
   Operador de áudio 33
   Manutenção e limpeza 35
   Roadie, o assistente de palco (AP) 36

Ensaios 43
   Gráfico 46
   Mudando velhos hábitos 49
   Antes e depois 50

PARTE II - MUNDO FÍSICO

Áudio 53
   Definição de operador de áudio 54
   Teste de nível básico para operador de áudio 56
   Trajeto do som 61
   Microfones 63
   Como resolver a microfonia do palco e do PA 64

Combos 65
Mesa 66
Equalizador 67
Periféricos 68
Monitores 69
Caixas 70
Nível adequado 74
Inteligibilidade 75
Nível de programa 77
Corrente elétrica 81
Manutenção 81
Complexo ministério 82

PARTE III - TRANSCENDÊNCIA

Ministração 85
Preparo espiritual 87
  Sensibilidade espiritual 88
Unidade 89
A função do louvor em uma reunião 91
Conduzindo a reunião 99
  Como começar o louvor 100
  Recursos 102
  Comunicação entre ministro e músicos
  no momento da ministração (e com a igreja) 106
  Sinais 110
  Sinais com o operador de áudio 114
Ciclo profético 117
  Regras dos ciclos proféticos 118

Magos da adoração **125**
   Ambientes proféticos 126
   Espíritos mentirosos 136
   Criatividade divina 137
Conhecimento da Palavra **139**
Relacionamentos **145**
Viva em Cristo **151**
Uma palavra final **153**
   Ação 153
   Oração 155
   Burocracia 157
   O professor 158

PARTE IV – DEVOCIONAIS

Buscando juntos **163**
   Devocional com o grupo de louvor 167

PARTE I
MINISTÉRIO DE LOUVOR

ALISTAMENTO

O DESAFIO do Ministério de Louvor é, antes de tudo, ter as pessoas certas oficiando nas respectivas funções de acordo com a identidade de cada um. Usamos muitos objetos, instrumentos musicais, caixas acústicas, amplificadores, fios, microfones, iluminação etc., mas o valor maior está no material humano. Nada funciona bem sem os indivíduos certos nos lugares certos, por isso ter a sensibilidade correta para alistar aqueles com potencial ministerial é o ponto crucial para tudo o que vai acontecer depois. Se o ministro de louvor prometer a alguém melindroso uma posição na banda e, na sequência, perceber que não será possível que continue ali, por um motivo específico, terá um grande problema para resolver. Essa fase de inclusão deve ser seletiva e planejada; se possível, faça um documento explicando as condições para ingressar no ministério de louvor. Pode ser um período de experiência. Nesse tempo, o candidato ou aspirante será testado. Alguém que não está disposto a renunciar não pode pertencer a esse ministério.

Qualquer músico cristão sonha em servir ao Senhor fazendo o que sabe fazer: música. No entanto, o Pai nunca permitirá que se integre um ministério de resultados positivos e surpreendentes se o pensamento for direcionado apenas ao sonho, e não ao Reino de Deus; se a pessoa assim o faz, desanima e, desacorçoada, desiste de prosseguir.

A Bíblia diz que se deve buscar o Reino de Deus em primeiro lugar, mas isso não significa que seja necessário deixar para trás o sonho de ser músico na obra do Pai. A Palavra é muito clara: "Não vivam como vivem as pessoas deste mundo, mas deixem que Deus os transforme por meio de uma completa mudança da mente de vocês. Assim vocês conhecerão a vontade de Deus, isto é, aquilo que é bom, perfeito e agradável a Ele" (Rm 12:2 – NTLH). Se o plano Dele é que você seja um ministro, então tudo bem; mas, caso o Senhor não tenha isso para sua vida, é bom descobrir, então, qual é o centro da Sua vontade.

Nem todos os que desejam se engajar no ministério pastoral poderão se tornar pastores efetivos; nem todos que desejam dirigir a congregação a louvar a Deus poderão fazê-lo. Todos podem adorar, louvar e, principalmente, pregar o Evangelho, no entanto alguém sem qualificação, talento musical e dom profético não exercerá o ministério com eficiência.

Para participar do ministério de música sem o requisito "estou aqui para fazer a vontade de Deus" não poderá servir como manda o figurino. Não é preciso esperar o candidato ao ministério de louvor se tornar um superministro ou um habilidosíssimo músico. Ele poderá servir como aprendiz e ter, então, a oportunidade para se desenvolver.

A SELETIVIDADE DE DEUS

Essa ideia não é moderna, mas vem do alto. O modo de separar e destacar um mais do que outro vem de Deus, e é preciso aceitar isso como a dinâmica da vontade e da soberania Dele, não como se fôssemos funcionários de uma empresa estatal. Na Bíblia, inexistem pessoas preguiçosas ligadas ao ministério da música. O Senhor manda separar os mestres para dirigir, os aprendizes para auxiliar e o povo para adorar e louvar, orientados pelos dirigentes de louvor.

A seletividade existe e ninguém maduro se sentirá desprezado se for constatado que não tem talento ou dom para esse ou qualquer outro ministério. A pessoa pode achar lindo quando vê alguém dirigir o louvor e a adoração congregacional cantando ou tocando, entretanto não conseguirá desenvolver o ministério se não tiver talento característico e dom profético. Não tenha medo, então, de dizer para alguém que ele não poderá levar a congregação ao louvor se não atender a esses requisitos.

Alguém melindroso se queixará e se rebelará diante da negativa de ser um ministro ou cantor que leve a congregação à adoração. Esse posto somente deverá ser ocupado por aqueles que estejam dispostos a ceder a sua posição a outra pessoa, se for o caso. Maturidade é a premissa para o ministro de louvor ou para qualquer líder na casa de Deus. Se quem ocupa posições importantes no ministério não tiver maturidade, causará muitos problemas advindos de inexperiência, bem como outras deficiências comportamentais. É preciso explicar que as pessoas que vão participar do ministério devem estar aptas à renúncia, se for preciso. Alguém que não está disposto a renunciar não está disposto a servir a Jesus. Não é necessário, contudo, que haja uma disciplina militar no ministério. O trabalho é voluntário, e esse tipo de serviço tem os seus limites bem distintos daqueles prestados por ministros remunerados.

Problemas com horário, prioridades, datas, motivação, pecado e personalidade são os obstáculos comuns encontrados na rotina ministerial de todas as frentes de trabalho em que o serviço voluntário é utilizado, e é preciso planejamento para minimizar esses percalços que inevitavelmente ocorrerão. Tudo dependerá de como cada indivíduo se comporta. Se o baterista for espiritualmente instável e fanático por um time de futebol, por exemplo – acreditando que seu compromisso com o ministério é raso, superficial e aberto para exceções –, falhará se a final de um campeonato popular for realizada no mesmo horário de uma ministração. Se for do interesse do voluntário, ele estará firme; caso o interesse dele mude de lado, você ficará sem o baterista naquela reunião e sentirá muita raiva da situação.

Você pode se perguntar: *O que eu faço se só tiver esse na igreja?* A resposta é simples: ore para que Deus lhe indique outro e comece a preparar alguém que tenha o coração ensinável e disposto a dar a vida a Jesus. Às vezes, portanto, é melhor o serviço remunerado do que depender de voluntários inconstantes, imaturos e irresponsáveis. Essa é uma triste realidade... e não há como mudá-la, pois as pessoas não mudam. Se não houver uma transformação, não tenha falsas expectativas do serviço voluntário na casa de Deus. O coração voluntário é aquele que se oferece, mas é preciso saber com clareza qual o nível de envolvimento. Ofereça, então, um plano com alvos e duração de cada fase do ministério de louvor, bem como tarefas que o voluntário deve cumprir, tendo em vista que o prazo aceito deve ser cumprido com total dedicação. Explique o que significa dedicação, envolvimento e amor.

Durante cada período estabelecido contendo número de ministrações, reuniões das quais deverão fazer parte e o trabalho a ser realizado nesse tempo, tenha um plano para novos músicos. Talvez você conte com pessoas que não sejam muito talentosas, mas cuja dedicação equilibrará um pouco essa balança. Trate bem os talentosos, e não deixe faltar pastos verdes e águas tranquilas para que o diabo não roube o coração deles. Fale a verdade em amor, não deixe o pecado tomar espaço na vida deles, confronte com firmeza e deixe para Deus o futuro. O que tiver de ser será! Não permita nenhum tipo de concessão para segurar um bom músico na igreja, mesmo que ele seja o único. Se houver pecado, não se ajuste a ele. Caso haja reivindicações, buque em Deus saber se elas são legítimas e se fazem parte do plano Dele para o seu ministério de louvor. Quebre os paradigmas e reveja os conceitos; não engesse o louvor da igreja, impedindo uma nova visão ministerial por causa do modelo ou da tradição denominacional. Caso falte coragem em construir uma adoração dirigida pelo Espírito Santo, Deus entregará o louvor para outra igreja que esteja aberta ao novo, conforme Mateus 25:28 diz: "Tirai-lhe, pois, o talento e dai-o ao que tem dez".

REQUISITOS PARA MINISTROS E MÚSICOS

Seguindo os princípios gerais daqueles que almejam o ministério, conforme 1 Timóteo 3:1-12, quero aprofundar-me objetivamente nos requisitos. Para que a igreja possa experimentar um louvor dinâmico e uma adoração viva e verdadeira, o púlpito deve estar intimamente ligado ao ministério de louvor e aos seus componentes. Aqueles que farão parte ou serão os condutores da adoração têm de manter diálogo com seu pastor. O ministro de louvor jamais deverá ser o "pai" dos músicos. O diabo pode entrar no coração do ministro e seduzi-lo à rebelião, caso haja divergências ministeriais futuras, e isso seria doloroso para a igreja. Os ministros e músicos deverão, portanto, ser qualificados para a direção dessa tarefa, preparadas para a função e pertencentes ao coração de Deus.

A escolha dos ministros e músicos deve ser criteriosa e precedida de muita oração, bem como a escolha dos líderes (espero que você ore para tanto), tendo como base uma igreja que realmente quer experimentar e vivenciar, em seus encontros e reuniões, uma dimensão mais profunda do louvor e da adoração.

Veja que os componentes do ministério de louvor e adoração são instrumentos de Deus para que a igreja viva o nível de adoração desejado pelo Senhor. A igreja deve apoiar a escolha dos músicos, pois isso gera expectativa, e prestar contas é uma forma de envolver e responsabilizar a congregação pela obra do Pai. Isso não é democratização. Aconselho você a ler meu livro *O ofício do adorador* (Editora Ágape, 2011).

As pessoas envolvidas nesse ministério servem à igreja, e não o contrário. Na área da música, são usadas por Deus para edificar os cristãos e para desenvolver seus dons, com o objetivo de levar a igreja a descobrir uma intimidade maior e um relacionamento mais profundo com o Senhor.

Cada candidato deve ser individualmente avaliado e suas qualificações têm de ser analisadas e baseadas, primeiro, no que ele é e, depois, no que ele faz. Explicando melhor:

- **Primeiro** – Ele deve ser alguém de oração, que busca a santidade, humilde, simples no proceder, que conheça a Palavra de Deus, sem manchas no testemunho, irrepreensível, com autoridade do Pai, que saiba ministrar diante do Senhor e em quem a igreja confie.

- **Segundo** – Ele tem de ser aprovado do ponto de vista espiritual e não pode ocupar essa função se não tiver aptidão natural, técnica e conhecimento em música. Se for um aprendiz, que esteja estudando música.

As principais qualificações espirituais (valores e requisitos) para qualquer função no ministério de louvor estão listadas a seguir. O indivíduo, portanto, deve:

1. ser escolhido por Deus, segundo os critérios Dele (ver 1Sm 13:14; 16:7);
2. adorar incondicionalmente e não viver segundo as circunstâncias (ver At 16:25-26);
3. conhecer o princípio espiritual do quebrantamento (ver Sl 51:17);

4. manter Deus em primeiro lugar (ver Sl 132:1-5);
5. buscar incessantemente a presença do Senhor (ver Sl 63:1);
6. estar disponível, desprendido e sensível à voz do Espírito Santo (ver At 3:8);
7. ser ávido pela orientação do Espírito Santo para conduzir o povo (ver Sl 43:3-4);
8. ansiar pela fonte de inspiração em Deus (ver Sl 87:7);
9. persistir em louvar a Deus e em conduzir outros a fazê-lo (ver Sl 34:1,3);
10. ser obreiro aprovado na Palavra (ver 2Tm 2:15);
11. ser vivificante e deixar-se guiar completamente pelo Espírito (ver Gl 5:16-26);
12. ser valente, corajoso e ousado do ponto de vista espiritual (ver Ef 6:10-17; Sl 18.30-42);
13. manter presença constante na casa e na obra de Deus (ver 1Co 15:58);
14. libertar-se das coisas seculares e ser desembaraçado de coisas mundanas (ver 2 Tm 2:4);
15. estar pronto a servir (ver Lc 22:26);
16. ser instrumentista cheio da unção (ver 1Sm 16:23);
17. disponibilizar-se a dizer espontânea e humildemente: "Não sei. Quero aprender" (1Rs 3:7);
18. prontificar-se a compartilhar o que sabe e a tocar com os aprendizes (ver 1Cr 25:8).

AS QUALIFICAÇÕES DE APTIDÃO

Ser habilidoso no instrumento e na voz (ver Sl 33:3): este é o único requisito que sintetiza tudo o que envolve a parte prática da música. Se a pessoa indicada para exercer a função de ministro de louvor ou músico não apresentar "habilidade na música", executará a trilogia escrita em Salmos 33:3 com dificuldade: "novo, vivo e com arte". O item "com arte" ficará manco, até que se alcance um nível regular de prática no instrumento ou na voz. Aconselho você a ler meu livro *Princípios inegociáveis de louvor e adoração*, publicado pela Editora Ágape em 2012.

O ministério de louvor não é completo apenas com a unção (isso não é uma regra), mas torna-se uma poderosa ferramenta de edificação se acompanhado da técnica – e somado a ela. Alguns defendem que só a unção é suficiente para exercer, mas reflita: como uma pessoa pode ter a unção do Espírito Santo para ministrar se está em pecado? Muitos se apoiam em desculpas para esconder a "preguiça" de gastar tempo e dinheiro no estudo de um instrumento ou da voz. Preguiça é pecado, e a mentira também é, assim como negligência (e outros piores)!

Há casos em que a igreja é muito humilde e simples e seu povo tem pouco ou nenhum acesso à instrução. Hoje, contudo, existem cursos gratuitos de instrumentos oferecidos por ONGs e órgãos municipais e estaduais. Basta esforço para alcançar um objetivo mais elevado.

O ministro de louvor deve procurar sempre inscrever-se em um curso, seminário ou conferência para reciclar a sua visão, preparando-se para aprender mais, pesquisar, atualizar-se e nunca dizer: "Já sei tudo!". Esse pensamento é o começo do fim. O exercício desse ministério exige santificação, compromisso, dedicação, disciplina, fidelidade, coragem, constância e muita, muita paciência.

Quando você vai a uma reunião de adoração em que o dirigente e os músicos estão preparados na unção do Espírito Santo e na técnica adquirida pela prática, tudo se harmoniza e o povo é levado a uma experiência maravilhosa com Deus. Ao contrário, se o líder do louvor e aqueles que o acompanham não estão preparados para exercer essa função, todos percebem essa desorganização, o ambiente fica pesado e o louvor não flui, forçando o povo a ter atitudes religiosas.

O ministro de louvor, os músicos, os cantores e todos os outros que compõem o ministério de louvor devem ser escolhidos por meio da oração, e não apenas após análise do talento. É preciso ter os atributos necessários; caso falte algum dos valores espirituais, que sejam discipulados e preparados até a aprovação. Não indique alguém a quem falte qualificação espiritual para ministrar na sua comunidade, pois será um desastre. Não corra tal risco; antes, consulte a Deus.

Caso falte habilidade para conduzir a reunião ou os ministros sejam desprovidos de técnica para o trabalho com os instrumentos ou a voz, não desista. Deixe-os aprender, porque com o tempo serão ministros e músicos aptos e habilidosos, e aprenderão a conduzir o povo numa adoração fervorosa e harmoniosa.

Os músicos, cantores e todos os colaboradores do ministério de louvor deverão contar com um programa de desenvolvimento com metas tangíveis, a fim de que cresçam com prazo e investimento compatível com a importância desse ministério. Invista para obter resultados, mas também para exigir resultados.

A mesma exigência deve ser requerida dos músicos e de todos que exercem alguma função no ministério de louvor. Todos devem estar envolvidos nos padrões de santidade, compromisso e talento, desde o discípulo que ainda está aprendendo e aquele que ministra no som, até quem está no *datashow*.

Por fim, não cometa um perigoso erro: colocar para ministrar na igreja aqueles que mal se converteram. É preciso ter a resposta visível de que houve uma conversão genuína, e é pelos frutos que isso é demonstrado. Ore para que Deus prepare "Asafes", "Jedutuns" e "Hemãs" (1Cr 25:1) para essa função: a de cantar e profetizar ao som de instrumentos (Gr. Psallein, "cantar acompanhado pela harpa"). Esses discípulos ajudarão a congregação a ter uma adoração nova, viva e com arte, para que a presença de Deus possa inundar a vida da igreja.

FUNÇÃO DE CADA COMPONENTE

Em qualquer ministério de louvor, há cantores, instrumentistas, técnico de som ou operador de áudio, além de alguém que manuseie o retroprojetor ou *datashow*. Em igrejas com maior número de pessoas, pode haver uma melhor distribuição de tarefas e um melhor aproveitamento dos voluntários que se apresentam para trabalhar nesse ministério.

Para se dividirem responsabilidades, tarefas, metas e desafios, deve-se levar em conta o perfil de cada voluntário que deseja servir ao Senhor no departamento de música. Considere o mapa organizacional do ministério e suas subdivisões, e avalie seu funcionamento. De nada adianta ter um ministério se ele não opera com precisão.

Oficialize cada tarefa distinta a cada componente de acordo com a aptidão e o dom. Por exemplo, não conte com quem não sabe servir para que chegue cedo à igreja nem que realize um trabalho sem que veja o modelo. Ao contrário, coloque esse alguém para trabalhar com aqueles que são padrão no serviço a fim de que avaliem o desenvolvimento. Se perceber um indivíduo que não saiba servir, analise se a preguiça ou o estrelismo são possíveis motivos, ou se ele se encaixa melhor em outra função. Até uma chave de fenda pode ser mal-empregada se for usada num parafuso "estrela" (cruzeta; "Philips"). Chave de fenda para parafusos fendas e cruzeta para parafusos cruzetas. Cada um tem um perfil; não desgaste as pessoas só porque você acha que elas produzirão em uma posição de sua preferência. Procure observar, conversar, treinar e atribuir função adequada às características pessoais de cada um.

Use essas sugestões como apoio ou fonte de ideias, metas, tarefas e desafios, porém não as siga à risca. Faça uma adaptação delas de acordo com o seu modo de ser e do seu grupo. Se usá-las integralmente, poderá se frustrar porque não existe um método certo e infalível. Apenas os princípios são integramente inegociáveis. Selecione, então, algumas tarefas e trace o seu plano de desenvolvimento que possa ser seguido. Peça dois itens por período de três ou seis meses. A partir desse início, avance até conseguir um nível maior e estável de eficiência de cada um.

A seguir, nós vamos falar sobre as tarefas de acordo com cada função no ministério, mas há algumas tarefas e alguns cuidados essenciais para todo ministro de louvor, independentemente de cargos:

1. Orar durante o dia pela reunião noturna.
2. Manter boa aparência: vestuário e posição, pois representa o ministério de música e a igreja.
3. Caso não seja possível sua presença em um culto, comunicar a ausência e o motivo dela ao responsável a fim de que outro seja colocado no lugar; e caso troque de escala, comunicar o responsável.
4. Se for exortado, ter graça e humildade, e pedir perdão. E se um irmão estiver em "falta" com você, ou com o trabalho, da mesma maneira, tenha graça e mansidão para exortar.
5. Ter em mente que quanto mais serviço, mais autoridade.
6. Ser muito responsável e sério no que foi incumbido a fazer, senão poderá haver manchas[1] durante a adoração.
7. Procurar o pastor ou líder para solucionar quaisquer dúvidas não resolvidas.

---

1 Manchas, neste contexto, referem-se a falhas por negligência e falta de vigilância.

MÚSICOS INSTRUMENTISTAS

A função dos músicos instrumentistas não é somente tocar, mas também fazer discípulos na música; tanto o mestre como o discípulo, portanto, devem andar juntos (ver 1Cr 25:7-8). Um músico que não gera outro músico no lugar em que está tocando é como uma mulher estéril que não gera filhos. Apenas cuidar dos filhos que outros geraram é fácil, o difícil é gerar e cuidar.

Lembre-se, então, de:

1. Preparar o discípulo para ser um novo levita (ver 1Cr 25:7-8).
2. Ser exemplo na fé (ver 1Tm 4:12).
3. Manter o modelo bíblico de comunhão (ver At 2:42).
4. Ser exemplo no trabalho na casa de Deus (ver Ne 3:2,4-5,7-10,12,19-20).
5. Não fazer acepção de pessoas, principalmente de músicos: não se pode ter mais paciência com determinado candidato por ele tocar ou cantar bem (ver Tg 2:1-4).
6. Ensinar o ofício integralmente (ver 2Rs 2:1-4,9).
7. Estabelecer prazo para níveis de crescimento.

TAREFAS DOS VOCALISTAS

A lista a seguir, de funções a serem realizadas pelos vocalistas, tem sua base em 1 Crônicas 15:16,20,22.

1. Chegar cedo para ligar o seu microfone e, caso seja o primeiro, o dos outros.
2. Equalizar o microfone em conformidade com a sua voz.
3. Manter numerado seu microfone, evitando trocas durante a reunião.
4. Após o término da programação, guardar o microfone no case e enrolar devidamente o cabo.
5. Responsabilizar-se pela comunicação e pelo encaminhamento do cabo à revisão caso haja mau funcionamento dele.

OPERADOR DE ÁUDIO

O operador de áudio tem em suas mãos o que eu considero de grande responsabilidade dentro da igreja: fazer a mensagem falada ou tocada, transmitida do púlpito, chegar de maneira fiel ao ouvinte, sem distorções ou perdas. Ele deve chegar antes do horário para deixar seu equipamento pronto para a reunião, e cumprir de forma impecável e ininterrupta a sua responsabilidade. Infortúnios como interferências ou ruídos na comunicação, microfonias, som muito grave ou muito agudo poderão deixar o ouvinte desconfortável, desviando sua atenção num momento importante.

Não adianta ter um grupo de louvor cheio de unção se o operador de áudio estiver despreparado; assim, tudo será arruinado. Em minha opinião, portanto, o êxito de uma reunião está nas mãos do operador de áudio, e este deve saber o tamanho da sua responsabilidade (Lc 19:17. Jr 48:10a).

Uma situação que vem atrapalhando o trabalho de todo grupo de louvor é quando se ensaia exaustivamente, com todo preparo do elenco de cantores e músicos, mas, durante as reuniões, pessoas dão a sua opinião na equalização do som sem no mínimo saber o que isso significa. É o mesmo caso do futebol brasileiro, em que há mais de 190 milhões de "pseudotécnicos", porém somente um técnico habilitado pela liderança da CBF. O que aconteceria se o técnico tentasse ouvir o povo?

O operador de áudio, portanto, deve pedir (muito educadamente) que não se deem palpite e que fiquem longe da mesa *mixer*, por favor!

As tarefas do operador de áudio são as relacionadas a seguir:

1. Manter o funcionamento correto e perfeito de todo equipamento.
2. Padronizar o trabalho.
3. Efetuar a equalização do som não pelo gosto pessoal de ninguém, mas pelo padrão de mixagem.
4. Preparar o retorno; portanto, todo culto deverá ter um na mesa *mixer*.
5. Ter cuidado para não ser influenciado por palpites.

6. Estar sempre atento e não conversar durante o culto, pois uma distração poderá perder todo um nível de trabalho conquistado com muito esforço não somente seu, mas de uma equipe.

7. Raciocinar rápido, improvisar e superar quando ocorrer algum evento inesperado em que não obtiver meios predefinidos para minimizar os efeitos negativos do imprevisto.

8. Reunir-se periodicamente com todos os assessores de palco, a fim de avaliar e aprimorar os pontos indecisos, nas quais seria bom estarem presentes os músicos e os cantores, para comentar as situações em que se alcançou ou não êxito, visando melhorar o serviço na casa de Deus (ver Lc 16:8b).

9. Orar de olhos abertos, mesmo se o pastor pedir a todos que os cerrem, pois o operador tem de estar atento ao funcionamento da estrutura do evento, caso precise de alguma assistência, como trocar de microfone ou abrir o canal do teclado no *public address* (PA) – uma distração repentina poderá deixar um músico sem assistência em um momento crítico, ou deixar passar um solo de instrumento sem o devido destaque.

10. Estar sempre disponível: antes, durante e após o culto.

MANUTENÇÃO E LIMPEZA

Manutenção e limpeza são funções dos levitas no contexto bíblico segundo os tabernáculos de Moisés (ver Lv 3:5-8,12,45; Lv 4) e de Davi (ver Cr 23:1-6; 26:20-32), passagens em que se narra, de forma detalhada, a tarefa (e sua distribuição) de cada família. Ninguém, portanto, deverá ser privilegiado. Se nas pregações cita-se a igualdade, deve-se viver a igualdade.

A manutenção e a limpeza de todos os equipamentos são de inteira e intransferível responsabilidade dos levitas e suas obrigações são as que seguem:

1. Reunir-se para esse propósito uma vez por mês.
2. Fazer uma completa revisão com a participação de todos os músicos.
3. Realizar periódicos encontros para conferir o funcionamento dos cabos e de todo equipamento.

ROADIE, O ASSISTENTE DE PALCO (AP)

O assistente de palco chega sempre antes do horário e ajuda a montar os equipamentos, auxiliando o operador de áudio. Ele não abandona o seu posto para fazer outro serviço, salvo se cumpriu suas tarefas primordiais, e também se esse afastamento momentâneo não deixará seu posto descoberto. Caso alguém de outro ministério lhe peça para fazer outra atividade, o AP dará um polido "não" com educação e graça e, claro, explicará o motivo: "Perdoe, irmão, mas não será possível realizar essa tarefa. Eu não posso abandonar o meu posto em nenhum momento. Para muitas coisas aqui funcionarem, a minha presença é necessária. Peça para outro, por favor". Existem exceções, como no caso de sentir preguiça de ajudar, quando não está fazendo nada e tudo já está pronto, e o AP está conversando assuntos inapropriados para o momento, como jogo de futebol, filmes, passeios. Veja Gl 5:13b.

As tarefas do AP são as listadas a seguir:

1. Montar os instrumentos, devendo saber a posição correta das tumbadoras, do pedestal de microfone – à esquerda, à direita, ao centro ou na diagonal e na altura em relação à captação –, da guitarra, dos pedais, do teclado etc.
2. Ligar os amplificadores.
3. Verificar a iluminação.
4. Cuidar da estética e da limpeza do palco, dos equipamentos e instrumentos.
5. Verificar o retroprojetor e sua fonte de alimentação (se está ligado à energia).
6. Durante o louvor, estar visível para o músico e oculto para o público (bom seria se houvesse um intercomunicador eletrônico neste caso).
7. Prestar muita atenção e estar pronto para agir nas seguintes ocasiões:
    - **se uma partitura cair no chão** – o AP, então, de forma rápida e sem chamar a atenção para si, recoloca a partitura no lugar, improvisando algum dispositivo prático e imperceptível ao público, para que não ocorra o fato novamente (por exemplo, um pequeno peso sobre a partitura);

- se o cabo do microfone ficar preso na base da estante do teclado quando o ministro de louvor se movimentar – novamente, o AP se move de forma rápida e sem chamar a atenção para si, desenroscando o cabo de modo a não reincidir;

- **se as baquetas do baterista escaparem das mãos dele** – rapidamente, o AP resolve o problema e, mais uma vez, não chama a atenção para si;

- **se houver reverberação, realimentação acústica, chiados e ruídos** – o AP é uma espécie de bandeirinha do palco e, ao perceber isso, sinaliza para o técnico de som corrigir a interferência. Sua comunicação com o técnico não pode ser percebida por ninguém por se tratar de uma linguagem silenciosa e invisível;

- **se precisar se movimentar no palco** – o AP deve andar rápido, abaixado e encurvado.[2] Se ficar ereto, será muito visado e o item "não chamar a atenção para si" será arruinado. No entanto, evitar "passear" pelo palco e somente entrar em ação quando necessário.

8. Estar sempre disponível: antes, durante e após o culto.

9. Não conversar durante o culto, pois uma distração poderá arruinar um trabalho conquistado com muito esforço não somente do AP, mas de uma equipe. Uma distração repentina poderá deixar um músico sem

---

[2] O fato de andar curvado não o deixará invisível, mas essa atitude demonstrará que o PA não quer ser evidenciado.

assistência em um momento crítico, e tudo pelo que se lutou foi prejudicado por falta de vigilância.

10. O AP tem seu mapa de palco personalizado, visando à programação especial, então se prepara antecipadamente. Por exemplo, cultos durante a semana não têm a participação de todos os músicos; assim, o AP monta o palco de forma que não aparentem estar poucos participantes no time de adoração semanal. Um truque é colocar o teclado mais para o centro ou o violão mais para a frente, dando preferência ao mapa de palco previamente estudado com o ministro de louvor.

11. Ser um acirrado inimigo da "gambiarra".

12. Vestir determinada roupa, como calça de brim e camiseta de manga curta sem estampas bizarras. Sugestão: roupas escuras nas cores azul-marinho ou preta. Roupas sociais não o deixarão à vontade para, por exemplo, entrar debaixo do palco ou pegar cabos sujos.

13. Fazer reuniões periódicas com todos os assessores de palco a fim de avaliar e aprimorar os pontos indecisos. Para essa reunião, seria bom estarem presentes o técnico de som, os músicos e os cantores, para comentarem as situações em que se alcançou êxito e situações em que não se alcançou. Esse tipo de encontro visa melhorar o serviço na casa de Deus (ver Lc 16:8b).

14. Ter um caderno para anotar possíveis exemplos negativos e comunicá-los ao pastor: músico ou cantor com "banca de estrela", que chega em cima da hora, repetidas vezes, sem o devido e insubstituível "perdão pelo

atraso"; músico ou cantor que fica de braços cruzados, como um *pop star*, olhando o AP montar seu equipamento sem pelo menos ficar perto orientando.

15. Caso não souber fazer determinada tarefa, não ficar esperando, perdendo tempo sentado. Procurar orientação imediatamente.

16. Apesar de haver um AP de cada lado do palco para dar cobertura à área de trabalho, não esperar que o outro AP aja. Quando vir alguma coisa errada ou que não está indo bem, tomar a iniciativa de resolver o problema.

17. Ter autonomia para chamar a atenção de pessoas que transitam irresponsavelmente nos bastidores do palco, prejudicando o andamento da programação.

Para ajudar no seu desempenho, é aconselhável que o AP tenha sempre em mãos uma caixa de ferramentas básicas com:

- alicates de corte, de bico e universal; jogo de chaves de fenda e philips, grandes e pequenas;
- ferro de solda;
- estanho;
- fita isolante; fita-crepe;
- canetas de pontas grossa e porosa;
- fusíveis pequenos (de 0,5; 1; 1,5; 2; 2,5; 3; 4; 5; 8 e 10 amperes); fusíveis grandes (de 1; 2; 2,5; 3; 4; 5; 8; 10 e 20 amperes);
- multímetro;

- teste de força 110-220 v;
- teste para fonte de corrente contínua de 6 ~ 12 v;
- baterias alcalinas de 9 v;
- protetor de série 150 W – 127 V;
- plugues sobressalentes nos seguintes modelos: XLR, P10, RCA;
- adaptadores de tomadas americanas de "dois pinos chatos e terra redondo"; para tomada simples, dois pinos redondos;
- o inesquecível e insubstituível "WD 40" ou similar;
- uma caixa reservada com cabos malhados com plugues P10-P10; P10-XLR (para microfone); XLR; XLR-P10 (para instrumentos); P10-RCA; P2 ESTÉREO-XLR; RCA-XLR; extensões de 2, 4, 10, 20 metros; e pino-tomada.

Para todas as funções, são necessárias algumas qualidades positivas – atitudes proativas, e não retroativas – e uma postura compatível. Veja alguns exercícios que podem ser trabalhados em conjunto ou individualmente.

1. Em grupo, deem a sua visão sobre o que significa ser:

    - santo
    - servo
    - humilde
    - eficiente
    - ágil
    - manso
    - prestativo
    - rápido
    - obediente
    - incansável

2. Em quais circunstâncias vocês praticam essas ações ou estariam propensos a cometer esses atos? O foco é a transparência, a comunicação e a maturidade (você deve estar aberto para ouvir respostas inesperadas).

3. Reflitam e respondam em que ocasiões vocês:

- murmuram
- reclamam
- amaldiçoam
- fofocam
- desobedecem
- desrespeitam os companheiros
- menosprezam os companheiros
- mentem
- fazem corpo mole
- fazem gracejos atrevidos

4. Em busca da maturidade, leve cada um a falar da sua postura, e o grupo poderá comentar se isso é percebido e o que pode ser melhorado. Prepare-se para moderar possíveis trocas de acusações. Baseado no texto de 1 Timóteo 4:12, conduza o grupo ao amadurecimento.

- compromisso
- fidelidade
- dedicação
- zelo
- transparência
- santidade
- serviço
- amor
- constância
- lealdade
- voluntariedade
- paciência

ENSAIOS

QUEM NUNCA PASSOU dificuldades na hora de ensaiar? Nessa ocasião, pessoas faltam, outras chegam atrasadas; os músicos se esquecem dos ensaios ou não apresentam justificativas por deixarem de aprender as músicas. Até mesmo há quem fique à espera da chave da igreja. Isso já aconteceu com todos os grupos, e existem aqueles que enfrentam coisas piores, como um zelador que desliga a chave geral e se esconde a fim de parar o ensaio, ou instrumentos ou caixas e amplificadores misteriosamente danificados. Você, leitor, também deve ter histórias inacreditáveis para contar.

Às vezes, o ambiente dos ensaios é pesado, com pessoas cansadas, desmotivadas e tristes, aparentando estarem ali por obrigação e agindo com descaso. Pode até acontecer uma discussão por causa do arranjo ou uma atitude inconveniente de um componente. A hora passa e o ensaio termina sem produtividade alguma, tornando-se apenas cansativo e sem unção.

É preciso, porém, organizar e esquematizar esse momento como se fosse um culto. Isso é tarefa para o dirigente, que deve estruturar o tempo de tal forma que tenha começo, meio e fim. Ofereço algumas dicas para minimizar o impacto negativo que pode haver em um ensaio mal planejado. Trata-se de metas simples que tornarão esse tempo mais produtivo:

1. Marque um ensaio semanal de, no mínimo, duas horas.
2. Comece a reunião com a leitura de uma Palavra preparada.
3. Faça os participantes sentirem liberdade de compartilhar dificuldades e cultivar interesse bilateral. Organize um rodízio, e em cada reunião um componente diferente pode guiar a devocional. O ideal é que a cada mês se faça essa agenda e a distribua. Um painel na sala dos músicos ou na entrada da igreja ajuda a minimizar as desculpas de que os componentes não foram avisados.
4. Aplique os exercícios, repetidas vezes, e eles farão que se obtenha o "conjunto" desejado no vocal. Use um gravador para ouvir o que ensaiaram.
5. Não perca a visão de que o ensaio é um culto.
6. Fale com doçura, exorte com firmeza, aja como um líder e não permita conversas nos ensaios. Não seja um general, mas um líder amoroso.
7. Todos devem manter um nível regular de envolvimento, mantendo um interesse pelo ministério.
8. Comece e termine no horário marcado.
9. Diga palavras que os estimulem. Elogie! Encoraje! Diga: "Parabéns, está lindo, maravilhoso!".
10. Se o vocal ou instrumental estiver ruim, diga: "Dá para melhorar!". E evite dizer que está ruim somente quando

eles demonstrarem desinteresse. Nesse momento, pare o ensaio e corrija com uma Palavra e com oração, e termine o ensaio. Leve-os a refletir sobre as ações deles.

11. Cuidado para não ficar desanimado com as atitudes negativas de pessoas problemáticas.
12. Não demonstre pessimismo ou desânimo, pois suas ações e reações serão seguidas.
13. Lance desafios como: "Estava pensando em uma música, mas acho muito difícil conseguir fazer uma boa interpretação dela, então vou deixá-la de lado!". Isso dá um tom de desafio para o grupo.
14. Seja convincente sobre aonde você deseja chegar.
15. Prepare-se bem para o ensaio e não vá com dúvidas.
16. Ensine a todos do vocal teorias básicas de música e a leitura de partitura nas duas claves.
17. Prepare o material didático – folhas, ilustrações, letras – e tudo o que vai acontecer no ensaio.
18. Anote quem está em rebeldia com o horário, autoridade etc.
19. Dirija o ensaio como se fosse uma ministração e leve o grupo a uma atmosfera de contentamento. É possível desenvolver isso com bom humor; não é brincar e fazer gracejos, mas manter um ambiente de boa expectativa mediante atitudes positivas.
20. Dê o exemplo!

GRÁFICO

Aprendi a fazer gráfico com um amigo meu, o Adilsom Batista. É muito interessante, porém trabalhoso, mas mantém o grupo nos trilhos do objetivo do ensaio, que é desenvolver mediante a repetição. Pode conter algumas informações sobre: a música que está ensaiando; o número de vezes que vai repetir; o nível de crescimento da música cada vez que é tocada; o horário do ensaio; quem faltou; texto compartilhado; entre outras.

Eu fiz isso uma época, no início do meu ministério, e foi muito bom, porque conseguia ter um ótimo rendimento nos ensaios. Com o gráfico em mãos, eu seguia a proposta, gerando muitos frutos; com isso, conseguia ensaiar organizadamente e o resultado era visto em todos os cultos. Chegava a passar três canções novas em um ensaio, e o crescimento do grupo foi espantoso.

Como em todo método, nele há fraquezas. A principal é que é necessário um grande esforço para se manter focado no gráfico, que é difícil de ser seguido por causa do jeito de fazer as coisas e da distração (que é algo comum). Isso aconteceu comigo no começo. Até os músicos se acostumarem e entrarem no ritmo de trabalho, isso se torna muitíssimo trabalhoso. No meu caso, levou um tempo para eu conseguir ensaiar com maior concentração e foco, e a produtividade rendeu maravilhosos frutos, amadureceu o meu ministério, e as pessoas começaram a olhar para ele com mais respeito.

A produtividade do ministério de louvor depende de sua organização. A "oração" é a folha que inicia o planejamento;

o gráfico é a prática e parte da resposta da oração. Orar para Deus ajuda a alcançar a bênção nos ensaios, então veja esse gráfico como uma resposta de oração.

Ministério de Louvor e Adoração Ficha de ensaio

Músicas:

Cds: Faixas:

Data do ensaio: Horário:

Músico:	Hora de chegada:	Vocal:	Hora de chegada:
Músico:	Hora de chegada:	Vocal:	Hora de chegada:
Músico:	Hora de chegada:	Vocal:	Hora de chegada:
Técnico:	Hora de chegada:	Outro:	Hora de chegada:

Devocional

AVALIAÇÃO

Música 1						Música 2				
a						a				
b						b				
c						c				
d						d				
e						e				
	1x	2x	3x	4x	5x		1x	2x	3x	4x	5x

Anotações dos elementos positivos e negativos do ensaio

Observações para a ministração

Faça uma adaptação dessa ficha se desejar, porém evite enchê-la de informações, pois ela é básica e suficiente para começar o processo de organização dos ensaios. Anote os nomes das músicas, o CD e o número da faixa de onde elas foram extraídas, a data do ensaio, o horário marcado e de início, e o horário de chegada de cada componente do ministério.

É chegado, então, o momento de aplicar o gráfico, cujo uso é fácil, porém trabalhoso. A linha horizontal x1, x2 representa o número de vezes que você vai repetir a música. A linha vertical é reservada para a nota que você daria à execução feita. Desse modo, é possível visualizar como o grupo cresce ou regride; se começar bem e depois cair, é displicência. Você sabe quantas vezes uma música é executada por um grupo que viaja divulgando um CD? Eles repetem centenas de vezes as mesmas músicas, mas se esforçam para que estas não percam o brilho por causa das repetições.

Anote os elementos positivos e negativos. Avaliando cada detalhe e anotando cuidadosamente, você poderá desenvolver um trabalho organizado, e o resultado, depois de algum tempo, será visível. Não desista, porém não esqueça que isso é apenas um método e pode não funcionar perfeitamente. Tire o máximo de proveito das ideias e modifique o que não der certo.

Se você tiver uma ideia para a ministração – como memorizar um texto para dizê-lo no início ou no meio da música, ou um momento de intercessão –, anote-a no espaço "Observações para a ministração". Isso o manterá nos trilhos de um planejamento. Qualquer planejamento dará resultados se você seguir o que se propôs a fazer. Todo projeto deve ter início, meio e fim.

MUDANDO VELHOS HÁBITOS

Tenha em mente os princípios a seguir, os quais o ajudarão a mudar velho hábitos:

1. Ensaio não deve servir para aprender as canções, mas para sincronizar o grupo todo.
2. Separe o ensaio do vocal do instrumental.
3. Comece no horário marcado.
4. Evite mudar o arranjo.
5. Tente copiar arranjo para aprender, e não para viver a unção dos outros.
6. Coloque o seu estilo, sem cópias.
7. Aprenda a tocar em volume baixo e adequado no ensaio, senão dificilmente conseguirá tocar em um volume baixo e adequado no culto.
8. O ensaio é um culto, e Deus pode falar aos componentes do grupo.
9. Evite levar visitantes ao ensaio.
10. Não marque ensaio sem ter cifras, canções e letras para todos.
11. Não deixe que a falta de um componente impeça a realização do ensaio.

12. Ore antes e depois.
13. Não é hora de pregação ou de colocar a devocional em dia, por isso se chama "ensaio".
14. Não passe do horário, mesmo se o som estiver muito bom.

ANTES E DEPOIS

Leitor, agora que você tem algumas ferramentas e um modelo, escreva em uma folha o esquema de sua condução dos ensaios. Anote tudo: horário, clima dos encontros, interesse individual dos componentes, quantas músicas consegue passar por ensaio e outras observações que são importantes.

Depois de um mês de ensaio, compare essas anotações com o quadro geral e individual. Você vai visualizar as melhorias incríveis que ocorreram pela elaboração de um cronograma de ensaio definido.

PARTE II

MUNDO FÍSICO

ÁUDIO

O OBJETIVO desta parte do livro não é oferecer um curso de áudio, pois, em poucas páginas, não se pode ensinar o necessário. A proposta, no entanto, é fornecer informações a fim de gerar um cuidado que saia do campo das intenções e realmente se mova para a ação, que é fazer um curso completo. Com base nas informações a seguir, note que há possíveis erros cometidos pela falta de conhecimento real.

Como é difícil encontrar operadores de áudio que tenham noção do que estão fazendo na mesa. Sempre afirmam fazer o melhor que podem para Deus, porém, na maioria dos casos, essa é apenas uma desculpa que esconde a preguiça de ter que estudar e investir seriamente nesse ministério.

Um músico estuda horas e mais horas a fio a fim de deixar uma música adequada, para o técnico regular o som daquele jeito... Este, sem entender as frequências do instrumento, mexe nos potenciômetros para lá e para cá até que o som torne-se indefinido. Às vezes, o violão soa como uma guitarra, o teclado passa a ter graves exagerados e o contrabaixo parece um violão de sete cordas.

O técnico de áudio deve ser mais atento do que se pensa. Não se pode escolher um irmão da congregação e mostrar os deslizantes da mesa e orientá-lo para que, se der algo errado, ele abaixe os deslizantes. O operador de áudio deve ter as mesmas qualificações dos levitas e um grande compromisso com o Reino de Deus.

DEFINIÇÃO DE OPERADOR DE ÁUDIO

O operador de áudio é um profissional que opera a mesa de áudio durante apresentações, respondendo por sua qualidade. Deve-se ter em mente, porém, que ele não é mágico! Se não houver recursos, um *mixer* profissional, bons microfones, bons cabos e boas caixas, pouco ou nada ele poderá fazer. Um desafio é bem gostoso, como "tirar leite de pedra", mas esse não é o objetivo deste livro e não conheço quem use esse tal curso (não existe esse doido, não que eu saiba).

Assim como no Brasil há milhões de técnicos de futebol, na igreja há dezenas de operadores de áudio dando palpites no som. Por essa razão, é bom estar preparado para caras feias. A pessoa já pode afirmar que sabe o que está fazendo após concluir um curso de operador de áudio, no qual se aprende a tirar um som melhor do equipamento (caso haja recursos; caso não os tenha, ore e não queira fazer mágica). O som poderá, sim, ficar mais baixo para se entender o que se está tocando no palco ou altar. O baterista e o baixista reclamarão do volume, o guitarrista vai chiar que o solo dele não está 'enchendo' o templo, mas, finalmente, o público conseguirá ouvir o que o cantor/líder de louvor está tentando dizer. Será possível aprender a equilibrar os retornos. Se alguém quiser sangrar os ouvidos, então que compre fones potentes e... fique à vontade!

Naturalmente, o espaço de trabalho não mais será aquela bagunça, cheio de pedaços de fios quebrados, aparelhos esperando conserto e aquela caixinha repleta de restos mortais de plugues sem fim. É hora, então, de radicalizar na organização. Aprenda a manter os curiosos longe do seu espaço de trabalho.

Converse com seu líder para saber o que ele espera do seu ministério. Explique seu modo organizado de trabalho e outros detalhes que são importantes e informe-se se haverá recursos para desenvolver o que ele está esperando de você.

Sempre é bom ouvir a opinião de outros, entretanto procure filtrá-las. Geralmente, quem oferece conselho é porque quer ajudar, mas, se você não tiver diretriz de trabalho, preparo e segurança no que está fazendo, essas opiniões vão mais atrapalhar do que ajudar.

Não se desespere quando estiver sob pressão. Aquela microfonia não é obra do diabo, mas realimentação acústica das frequências altas. Chega de concluir com o seguinte pensamento: *Tá amarrado!* Quase 98% dos problemas podem ser evitados com preparo espiritual e ciência! Os imprevistos são inevitáveis, por isso, se você estiver espiritualmente preparado e mentalmente informado, é só manter a calma e seguir o protocolo. Além disso, use as ferramentas que você aprenderá em um curso de operador de áudio.

Vamos ver a seguir alguns tópicos que todo operador de áudio deve saber e vamos aproveitar para testar seus conhecimentos básicos!

ANTES DE SER UM BOM OPERADOR DE ÁUDIO, SEJA UM BOM OUVINTE DE MÚSICA

- Você sabe o que é um contrabaixo? O que ele faz e para que serve?
- Sabe a diferença do som do violão com cordas de *nylon* e aquele com cordas de aço?
- Como a timbragem/regulagem/o resultado devem ficar na audição?
- Quando o estilo de música de um grupo é o *rock*, como o bumbo e o contrabaixo devem ficar?

TESTE DE NÍVEL BÁSICO PARA OPERADOR DE ÁUDIO[3]

Não "chute" as respostas das questões. Se você não sabe respondê-las, considere isso como um erro; assim, você saberá o seu real nível de preparo.

1. Os equipamentos devem ser ligados em qual ordem?

    a) Mesa, amplificadores, periféricos.
    b) Periféricos, amplificadores, mesa.
    c) Mesa, periféricos, amplificadores.

2. Ao entrar na mesa, o sinal varia de acordo com a fonte, a dinâmica do músico e o tipo de instrumento. Para

---

3 RESPOSTAS: 1. c | 2. c | 3. d, b, c, a | 4. d | 5. a, b | 6. b, a, c, d | 7. b | 8. b | 9. b | 10. d | 11. b | 12. c | 13. b, c, a, e, d | 14. c | 15. a | 16. c

corrigir e acertar esse sinal, tornando-o compatível com os outros sinais, o que deverá ser ajustado primeiro?

a) Volume.
b) Equalizador da mesa.
c) Trim, cue, gain.

3. Complete os quadradinhos com as letras correspondentes a cada frequência.

a) 500 hz a 2,5 khz   ☐ Frequências baixas
b) 100 hz a 500 hz   ☐ Frequências intermediárias
c) 2,5 a 12 khz   ☐ Frequências altas
d) 20 hz a 100 hz   ☐ Frequências médias

4. Qual processador é adequado para diminuir a faixa dinâmica de determinado som?

a) Equalizador
b) Excitador de harmônicos
c) Porta ruídos (*noise gate*)
d) Compressor

5. Relacione, nos quadradinhos, os tipos de microfone à sua correspondente definição.

a) Dinâmicos
b) Condensados
☐ Normalmente cardioides direcionais
☐ Resposta de frequência plana e de grande espectro

6. Calcule o valor de ômega para saber quais são as impedâncias (ohms) resultantes das ligações dos esquemas. Depois, assinale as letras correspondentes.

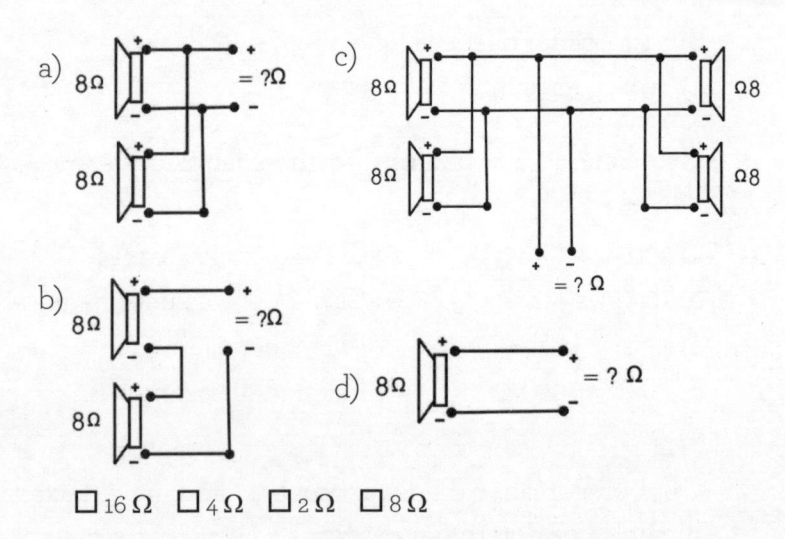

a) 8Ω, 8Ω = ?Ω

b) 8Ω, 8Ω = ?Ω

c) 8Ω, 8Ω, Ω8, Ω8 = ? Ω

d) 8Ω = ? Ω

☐ 16 Ω ☐ 4 Ω ☐ 2 Ω ☐ 8 Ω

7. Se o templo da igreja ou local em que você está sonorizando tiver um mezanino e as caixas que cobrem essa área estiverem a 68 m distantes das caixas frontais, qual atraso deve ser usado no *rack* de *delay* que manda o som para essas caixas?

a) 1 s.
b) 200 m/s.
c) 500 m/s.
d) _____

8. Qual é a função do *direct box*?

a) Ajustar o volume e enviar o sinal para o multicabo.
b) Ajustar a impedância e enviar o sinal para o multicabo.
c) Tirar os graves e enviar o sinal para o multicabo.
d) É uma extensão para quando o cabo não alcança a mesa de som, multicabo ou cubo.

9. Qual é a forma mais indicada de ligar os microfones?

   a) Impedância alta com plugue ¼.
   b) Impedância baixa com plugue XLR.
   c) Impedância intermediária com plugue ¼ ou XLR.

10. Qual é a posição ideal para operar a mesa?

    a) No canto esquerdo ou direito, no fundo da igreja.
    b) Próximo ao lugar onde o pastor se senta ou de quem está comandando o evento.
    c) No fundo da igreja, dentro de uma casinha.
    d) No centro da igreja.

11. A intensidade do som diminui com o aumento da distância da fonte geradora. Como se chama esse fenômeno?

    a) Sound pressure level.
    b) Inverse square law.
    c) Root mean square.

12. Quais são as três características principais do som?

    a) Reflexão, absorção e ressonância.
    b) Graves, médios e agudos.
    c) Intensidade, altura e timbre.
    d) Volume alto, volume médio, volume baixo.

13. Relacione as funções básicas dos controles de programa de um compressor ao seu respectivo significado.

a) Threshold   d) Release
b) Ratio   e) Bypass
c) Attack

☐ Controle da taxa de compressão.
☐ Controla o tempo que levará para o compressor entrar em atuação.
☐ Nível de entrada a partir do qual o compressor vai atuar.
☐ Botão que desativa o compressor.
☐ Controla o tempo que levará para o compressor deixar de atuar após o sinal voltar a ficar abaixo do nível.

14. Além da correta distribuição das caixas, é necessário planejar o Np para cobrir satisfatoriamente esse ambiente. O que significa Np?

    a) Nível de potência em dBv.
    b) Nivelação das potências resultante do log de base 10.
    c) *Next power*.
    d) Nível de programa.

15. A torre R de um PA está emitindo 102 dB SPL a 1 m. Se medirmos a R e a torre L, emitindo também 102 dB SPL a 1 m, qual seria o resultado em dB SPL?

    a) 105 dB SPL.
    b) 204 dB SPL.
    c) 60 dB SPL.
    d) 100 dB SPL.

16. O que é fase coerente no PA?

   a) É o momento em que o volume está uniforme com o volume dos retornos do palco.
   b) É o momento em que as caixas estão esteticamente empilhadas.
   c) É o momento em que as ondas sonoras estão alinhadas em tempo de dispersão.
   d) É o momento em que as ondas estão niveladas em fase com o pé direito do palco.

PONTUAÇÃO	NÍVEL	OBSERVAÇÕES
15 a 16	Ótimo	Parabéns! Você é o padrão!
11 a 14	Satisfatório	Conhecimento satisfatório. CBOA ajudará a fundamentar e complementar seus conhecimentos.
7 a 10	Razoável	CBOA é um bom lugar para adquirir informação e qualificação.
4 a 6	Insuficiente	Você é um candidato ao Curso Básico de Operador de Áudio.
0 a 3	Muito ruim	Um Curso Básico de Operador de Áudio é o seu lugar.

TRAJETO DO SOM

Contrate um curso que explique detalhadamente o trajeto do som até o ouvinte e aprenda a lidar com cada parte desse trajeto.

TRAJETO DO SOM

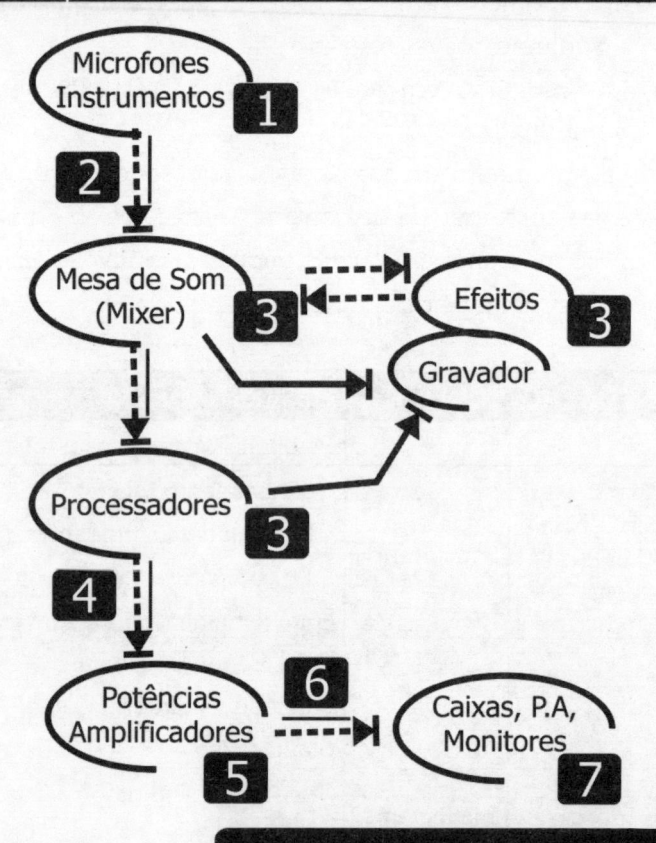

- Microfones / Instrumentos **1**
- **2**
- Mesa de Som (Mixer) **3**
- Efeitos **3**
- Gravador
- Processadores **3**
- **4**
- Potências Amplificadores **5**
- **6**
- Caixas, P.A, Monitores **7**

1. Captação / Conversão
2. Transporte de sinal (mv)
3. Processamentos
4. Transporte Sinal Processado
5. Amplificação
6. Transporte Sinal Amplificado
7. Conversão / Audição

MICROFONES

Existem regras muito simples: um som duro, com muita pressão sonora, merece um microfone mais duro; um som mais mole (pouca pressão) merece um microfone mais sensível.

Se uma pessoa tiver ao seu lado esquerdo um violão tocando numa distância de três metros e, do seu lado direito, um trombone tocando na mesma distância, qual será o instrumento que ela ouvirá com mais intensidade?[4] Claro que o trompete terá mais pressão sonora. Lembre-se de que os sons em tubos fazem mais pressão no ar, por isso, será necessário microfonar o violão para dar equilíbrio entre eles. A escolha do microfone, porém, não se resume a esse fato. Existem mais algumas considerações, a saber:

O microfone é semelhante a uma lanterna: se apontado direto e alinhado para a fonte, ele funcionará com todo o seu potencial.

Não é preciso gritar ou falar alto no microfone. Isso degrada a qualidade da voz (fonte sonora). "Fale normal que a eletrônica faz o resto."

Escolha microfones de qualidade mesmo que seu valor seja maior. O investimento é justificado pelos benefícios.

Não segure o microfone tampando a parte de trás dele com a mão, pois a cápsula interna também capta sons por esse ângulo. Em um curso de áudio, aprende-se sobre microfones dinâmicos e condensados, além do tipo de captação, cardioide, supercardioide e hipercardioide.

---

4 AURELIANO, Edielson. *Apostila do Curso de Operador de Áudio*. 6. ed.

COMO RESOLVER A MICROFONIA DO PALCO E DO PA

A microfonia é a realimentação acústica do som, geralmente, em alta frequência. As paredes, o piso, o teto e até a própria ressonância de palcos de madeira também podem provocar nas baixas frequências. Quem não possui a informação correta tende a baixar o volume quando isso acontece, pois pensa que o excesso dele é o problema. Em parte é verdade, mas algumas frequências provocam esse fenômeno. Um equalizador gráfico atenua facilmente a microfonia sem que o volume dos microfones seja prejudicado. Um analisador de espectro também é essencial nesse caso. Se você não tiver à disposição um equipamento digital que já tenha esses recursos, um aplicativo simples pode ser instalado no seu *tablet*. Siga, então, os passos:

1. Zere a equalização do canal e do gráfico da via do monitor.
2. Coloque o microfone e aumente o som do canal até ouvir o *ringing* (o ruído que dá início à microfonia).
3. Veja na tela do analisador de espectro qual frequência está subindo, se é em 1 k, e se as harmônicas estão em 2 k e 4 k.
4. Vá até o equalizador e atenue o suficiente para anular o *ringing*. Atenue apenas a fundamental, ou seja, o primeiro ponto mais alto da frequência.
5. Aumente mais um pouco a via até ouvir a próxima ressonância. Ache a frequência na tela do analisador de espectro, como foi feito nos itens 3 e 4.

6. Se for no retorno, passe o microfone com cuidado na frente da caixa; assim, a frequência exata vai reagir. Olhe na tela do analisador de espectro e atenue a mesma frequência no equalizador até diminuir a microfonia.

Pronto, você pode operar o monitor em 6dB abaixo do ponto de realimentação acústica, e a banda ficará impressionada com o volume dos microfones sem nenhuma microfonia. Se você dispuser de muitos microfones diferentes, isso pode não funcionar com tanta precisão, pois cada um reagirá de maneira diferente com caixas diversas. Na medida do possível, portanto, tenha todos os microfones e caixas do mesmo modelo. Eventualmente, o cantor principal pode ter um microfone diferenciado, o que não será problema se for apenas o dele. Siga as dicas anteriormente citadas para deixar esse microfone bem equilibrado.

COMBOS

As caixas amplificadas que ficam no palco podem ser grandes vilãs do desempenho da banda se o volume delas estiver mais alto do que o PA. Apesar de ficarem bonitinhas ali, as caixas de frente para o público podem interferir na mixagem do som que vai para a igreja e aumentar significativamente o volume total, principalmente em locais pequenos. Saídas possíveis são virá-las de frente para o músico, colocar o falante do combo apontado para o ouvido do músico ou usar o sistema de fone de ouvido.

Procure isolar o máximo possível o som do palco em relação ao som das caixas de PA. A ligação do *direct box* também é extremamente necessária, casando a impedância do instrumento com a entrada da mesa e evitando perdas e chiados. Muitos técnicos de som ligam direto na medusa ou fazem cabos adaptando essa ligação. Isso, porém, está errado e pode custar caro.

MESA

Antes de operar a mesa, você deve saber como cada sinal é captado e transportado até o console, bem como as alterações que ele pode sofrer. É importante ter noção das frequências dos instrumentos musicais e de como cada controle (potenciômetro) do canal da mesa age no sinal que está sendo processado, no nível de cada sinal, no endereçamento etc.

A mixagem é a combinação e o equilíbrio de todos os sons que estão passando no console. Cabe exclusivamente ao operador oficial indicado para o serviço fazer esse trabalho, pois requer muita habilidade e conhecimento musical.

- **Bumbo** – *Kick* a 2,5 kHz ou 3,5 kHz; corpo a 60 ou 80 Hz.
- **Caixa** – Corpo a 240 Hz; ataque 1 a 2,5 kHz; chão ou peso a 60 ou 80 Hz.
- **Hi-Hat e pratos** – Brilho a 7,5 a 10 kHz; som de gongo por volta de 200 Hz.
- **Tons** – Ataque a 5 kHz; corpo a 240 Hz.

- **Floor Toms** – Ataque a 5 kHz; corpo a 80 ou 240 Hz.
- **Guitarra** – Corpo a 240 Hz; clareza a 2,5 kHz.
- **Violões** – Corpo a 240 Hz; clareza a 2,5 kHz; chão a 80 ou 120 Hz.
- **Piano** – Graves 80 a 129 Hz; presença 2,5 a 5 kHz; presença a 2,5 a 5 kHz; brilho a 10 kHz; ressonância entre 40 e 60 Hz.
- **Metais** – Peso 120 a 240 Hz; timbre estridente a 2,5 ou 5 kHz.
- **Vozes** – Peso a 120 Hz; anasalado a 200 a 240 Hz; presença a 5 kHz; sibilância 2,5 kHz; ar a 12 a 15 kHz.
- **Congas** – Ressonância a 200 a 240 Hz; presença e *slap* a 5kHz.

Aprenda a ligar corretamente os plugues para que o sinal não chegue com ruídos e chiados.

E o que dizer dos equalizadores? O seu equalizador está parecendo um *smile*: risonho, chorão ou bravo?

EQUALIZADOR

Fazendo uma analogia com um *smile*, um equalizador não deve ter a aparência feliz, muito menos brava. Não faça, portanto, regulagens semelhantes àquelas predefinidas que se encontram em aparelhos de CD e no som de carros: *rock, pop, disco, live* etc.

A função do equalizador é compensar, de forma precisa, as diferenças tonais causadas pela acústica ambiente, pela resposta deficiente das caixas acústicas ou ainda pela qualidade da fonte de programa. As gravações em estúdios são feitas em ambientes tratados acusticamente, ao contrário de uma instalação domiciliar na qual o local da audição normalmente não é ideal para uma boa reprodução. Móveis em geral, cortinas ou qualquer outro objeto que esteja na sala de audição podem refletir ou absorver determinadas frequências.[5]

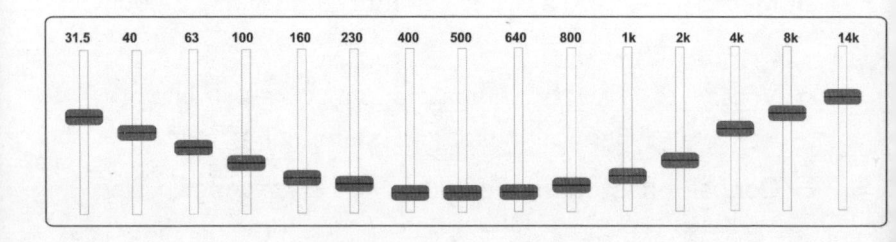

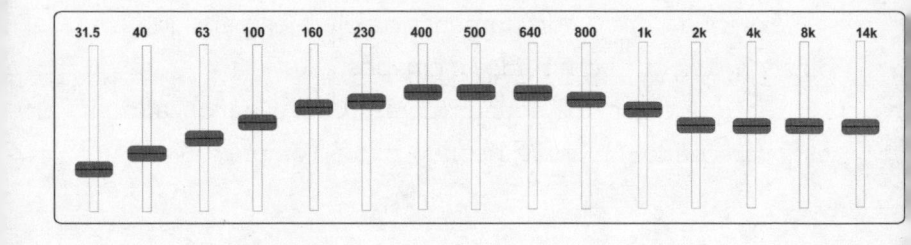

PERIFÉRICOS

Num ambiente reverberante, é desnecessário acionar *reverb* na voz ou instrumento; por isso, use os efeitos apenas como "tempero", e mesmo assim moderadamente. Estude o manual para saber as possibilidades, aprenda a

---

5 Trecho do manual do equalizador Styllus sobre sua função.

importância do compressor e outros. Conforme orientado anteriormente, um curso eficaz vai resolver isso.

MONITORES

Monitores são um grande recurso para quem está em um palco grande e, portanto, fora do alcance das caixas do PA. Isso, porém, não se aplica em palcos pequenos. Sem o monitor, o músico ou cantor ficará sem a referência da banda (geral ou parcial), podendo acontecer os seguintes problemas:

- entrar em trechos errados por não ouvir a deixa (referência de outro músico);
- desafinar por não ouvir o retorno do seu som;
- desafinar por não ouvir a harmonia (gerados por pianos, guitarras etc.);
- desencontrar com outros músicos (falta de sincronismo).

Cuidado com os aquários de bateria feitos por empresas "especializadas", cuja real atividade que domina, às vezes, é ganhar dinheiro com isso. O vidro ou o acrílico reflete o som dos tons para trás, por isso um painel de espuma captura esse som e impede-o de ir à frente.

Outra boa forma de resolver essa pressão da bateria é um fechado por todos os lados, mas cuidado com a abertura em cima, pois ela funciona como se houvesse um "alto-falante de boca gigante" apontado para cima. Se tiver um teto refletivo, esse som rebate e se espalha por todo ambiente mais amplificado ainda. Eu já gastei um dinheirão com isso, porém só resolve para quem está no palco. Por isso, pense bem o que deseja. O melhor é uma casinha fechada ou bateria eletrônica.

CAIXAS

Para cada região do espectro (dos graves aos agudos), existe um tipo de alto-falante. São eles:

- *sub-woofer*, que responde pelas frequências mais baixas (de 20 hz a 100 hz);

- *woofer*, que responde pelas intermediárias (de 80 hz a 500 hz);

- *meddle*, que responde pelas frequências médias (de 500 hz a 2,5 Khz);

- *tweeter*, que responde pelas frequências altas (de 2,5 Khz a 12 Khz).

Hoje, existem ótimas caixas com falante de 15 polegadas, um *drive* de titânio que deixa tudo bem definido e o moderno sistema *line-array*. Para que os sinais (todas as frequências) não impactem os falantes, um divisor de frequência dá a cada falante a frequência certa a reproduzir. Quando utilizar um sistema de caixas separadas (*tree way*), o divisor de frequência fica fora das caixas: *crossover* Externo.

A melhor posição para as caixas em um ambiente fechado é no alto (*fly*), embora nem sempre isso seja possível. Um bom curso de áudio poderá ensinar os cálculos de forma correta. O fenômeno da perda sonora deve ser estudado por todos os operadores de áudio a fim de saber como distribuir as caixas de som corretamente. Observe as ilustrações a seguir.

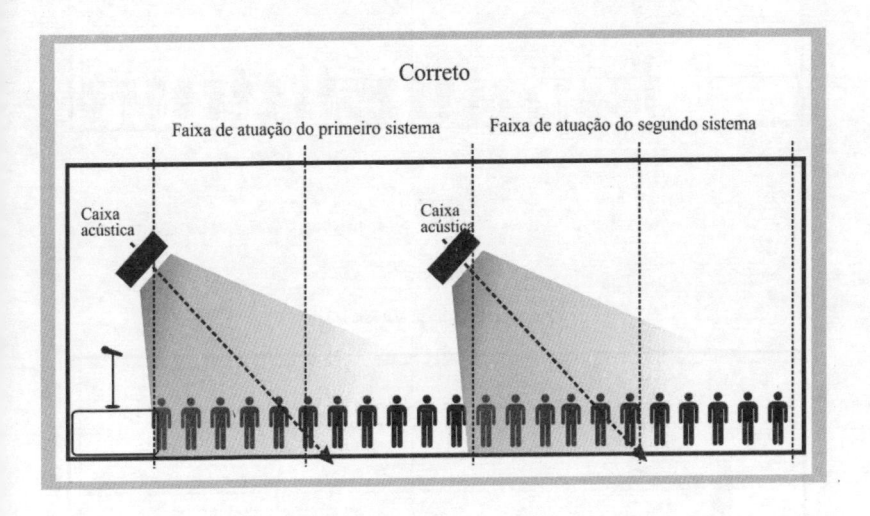

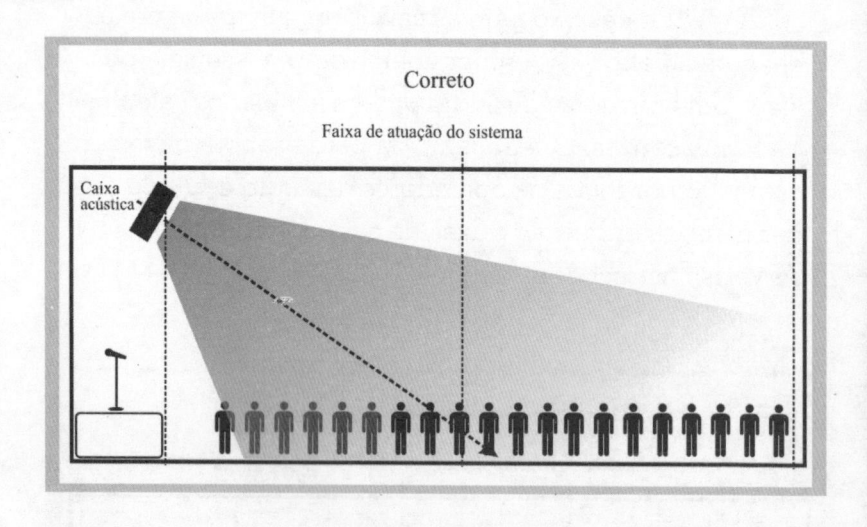

Correto

Faixa de atuação do sistema

Caixa acústica

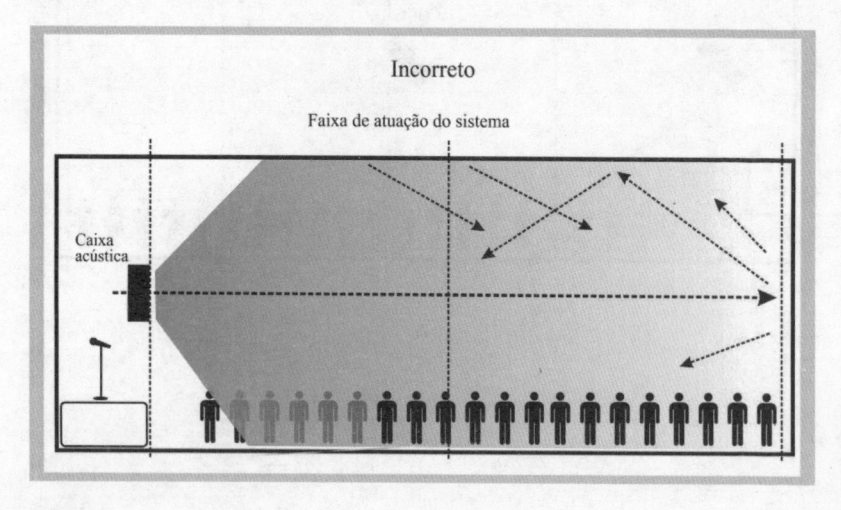

Incorreto

Faixa de atuação do sistema

Caixa acústica

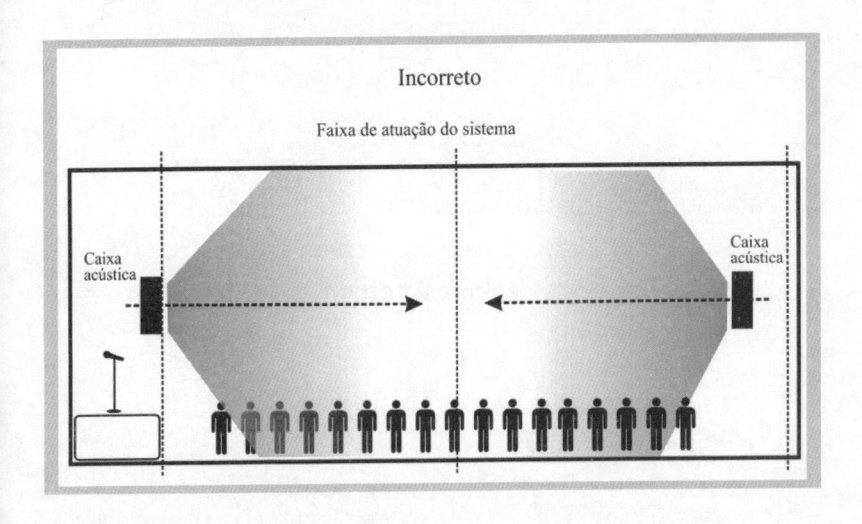

Incorreto

Faixa de atuação do sistema

Caixa acústica — Caixa acústica

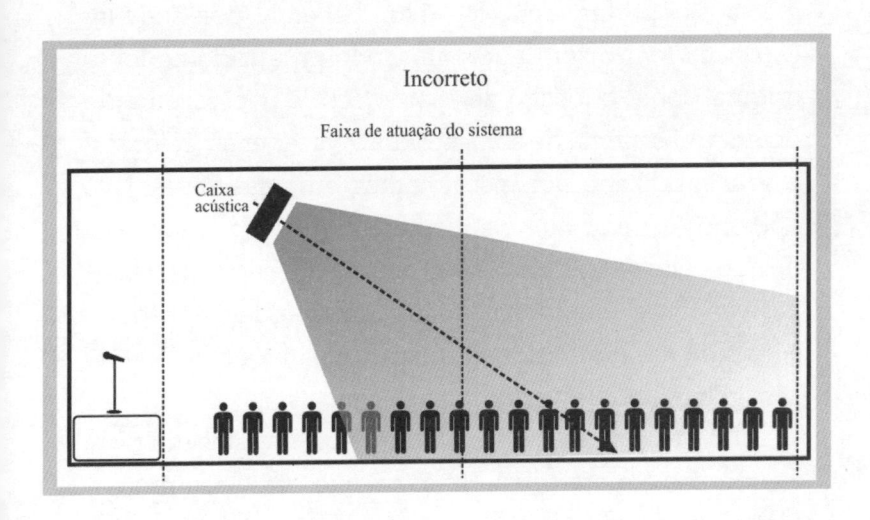

Incorreto

Faixa de atuação do sistema

Caixa acústica

Como a intensidade é proporcional ao quadrado da pressão sonora, a lei do inverso quadrado (intensidade) passa para a lei do inverso da distância (pressão sonora); dessa forma, a pressão sonora vai variar proporcionalmente o inverso do quadrado da variação da distância. Por esse motivo, a pressão sonora cai 6 dB (pela metade) a cada dobro da distância para "ar livre" (a chamada lei do inverso do quadrado), uma vez que para ambientes fechados esse valor pode ser menor em virtude das reflexões (reverberações e ecos).[6]

NÍVEL ADEQUADO

Quando temos de pensar sobre sistema de som, devemos nos importar com o que é fundamental, pois sua função é reforçar o som que está sendo produzido na fonte original sobre o local e de acordo com a necessidade do ouvinte. O sistema de som, portanto, vai apenas "reforçar" o som produzido por instrumentos ou pelas vozes. Não podemos esperar que ele melhore o que está sendo produzido pelas fontes sonoras. O ouvinte que está mais afastado da fonte sonora, voz ou instrumento deve receber o som com uma intensidade suficiente para que ouça tudo sem esforço ou desconforto auditivo.

O sistema de som deve oferecer aos ouvintes um nível de pressão sonora (dB SPL) suficiente para lhes proporcionar uma audição confortável e clara, e com fidelidade

---

[6] SPADA, Adriano Luiz. *Curso de operador de áudio e sonorização de igrejas*. 4. ed. Compilado de artigos de áudio. Disponível em: <www.attack.com.br/artigos_tecnicos/fen.pdf>. Acesso em: 30 jan. 2018.

ao que é proposto pela fonte sonora. Se o som possui qualidade, o nível sonoro precisa ser apenas suficiente; essa deve ser a regra. Em nossas igrejas, temos muita reclamação do volume do som, principalmente pelo mau planejamento do sistema de som. Nas figuras anteriores, vimos a forma correta de direcionar as caixas. Agora, veja isso mais detalhado:

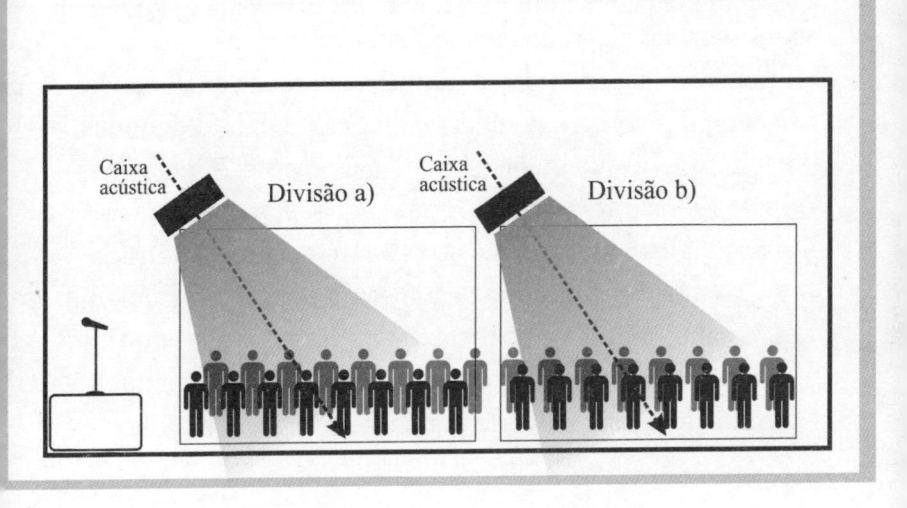

INTELIGIBILIDADE

Todos os ouvintes devem receber um som claro e definido, com boa inteligibilidade, como se estivessem conversando pessoalmente com quem está falando, cantando ou tocando. Chegar ao nível de boa inteligibilidade é um dos principais objetivos que queremos alcançar quando projetamos um sistema de som para um ambiente específico. Os fatores que influenciam na clareza e na definição do som são dois: a relação entre os sons diretos e o campo reverberante (reverberação) e a diretividade dos projetores acústicos. Entenda-os na sequência.

a) **Relação entre os sons diretos e o campo reverberante (reverberação)**

Uma fonte sonora localizada em um recinto fechado tem seus sons gerados refletidos pelas paredes, pelo piso e pelo teto, espalhando-se também em todas as direções. O campo reverberante é formado pelo conjunto de todas as reflexões que acontecem em um ambiente. A intensidade dos sons diretos é maior para aqueles que estão mais próximo da fonte sonora e do seu eixo axial, e a intensidade do campo reverberante é a mesma por todo o ambiente. Quanto maior for a diferença da intensidade entre os sons diretos e o campo reverberante, melhor será a inteligibilidade nesse ponto do ambiente.

b) **Diretividade dos projetores acústicos**

Diretividade é a capacidade de concentrar a projeção do som em torno do eixo axial da fonte sonora. A utilização de projetores com diretividade adequada melhora os níveis de inteligibilidade. Observe a imagem.

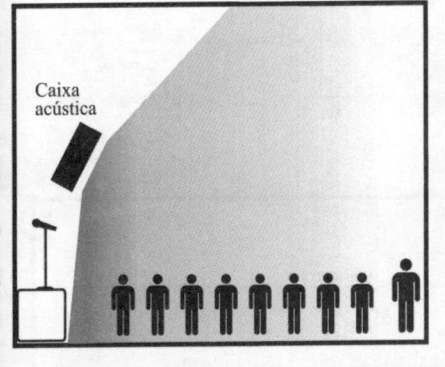

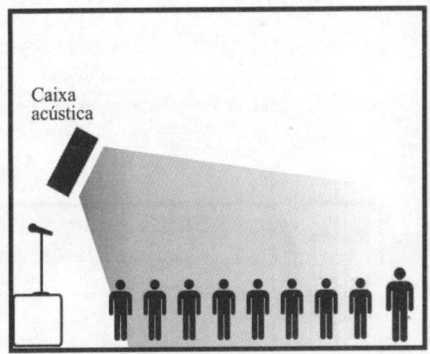

Nessa figura, à direita, vemos um projetor (ou caixa acústica) bem diretivo, que concentra as ondas sonoras sobre os ouvintes. À esquerda, observamos que, além de projetar o som sobre os ouvintes, o projetor envia uma grande parte das ondas sonoras para paredes, piso e teto, o que faz aumentar a intensidade do campo reverberante e diminuir os níveis de inteligibilidade no ambiente.

NÍVEL DE PROGRAMA

Geralmente, para o caso da voz e até dos instrumentos, precisamos de 25 dB acima do nível de ruído que o ambiente gera sem a voz ou música. Uma igreja bem comportada, sem conversas, vai gerar um nível aproximado de 50 dB de ruído. Então, precisamos em torno de 75 dB SPL para tornar bem inteligível a compreensão do som gerado pela voz ou música; assim, teremos a sensação de duas pessoas conversando, e isso é o que nós queremos alcançar.

Existem cálculos que podem nos ajudar a saber como o som chega a cada parte de um ambiente. Observe na figura a seguir como cada ouvinte percebe o som.

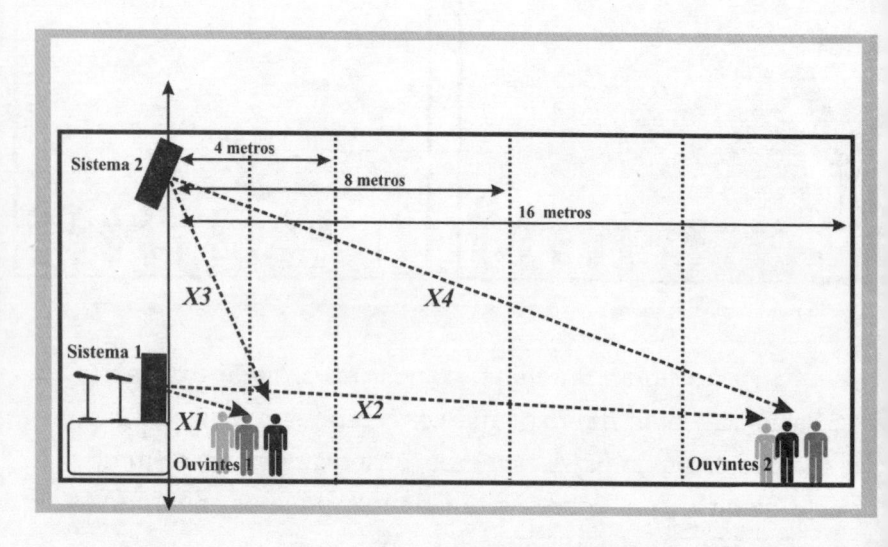

Na figura, vemos duas posições para a instalação dos projetores acústicos ou caixas acústicas: o Sistema 1 e o Sistema 2. Note que, no exemplo do Sistema 1, a distância $X1$ entre a caixa e os Ouvintes 1 é de 2 metros, e a distância $X2$ para os Ouvintes 2 é de 16 metros. E para a posição do Sistema 2 vamos ter que calcular. Teoricamente, vamos considerar que a altura das caixas é de 7 metros.

Para X3, então, temos:
$X3^2 = 7^2$ (7 metros de altura) + 2^2 (2 metros de distância) => $X3^2 = 49 + 4$ => $X3^2 = 53$

Aplicando a raiz quadrada em 53, temos X3 = 7,3 metros.

Para X4 temos:
$X4^2 = 7^2 + 16^2$ => $X4^2 = 49 + 256$ => $X4^2 = 305$
Aplicando a raiz quadrada em 305, temos que X4 = 17,4 metros.

Agora vamos ver isso em volume de som (dB SPL) que os ouvintes escutam.

No Sistema 1, teoricamente, a caixa tem sensibilidade de 100 dB SPL medido a 1 metro de distância. Quando a caixa for alimentada com 1 watt, então: $\log^2$ = 0.30 x 20 = 6.02 – 100 = 93.97 ou 94 dB SPL.

A 2 metros (posição do ouvinte 1), teremos 94 dB SPL.
A 4 metros, teremos 88 dB SPL.
A 8 metros, teremos 82 dB SPL.
A 16 metros (posição dos Ouvintes 2), teremos 76 dB SPL.

Os Ouvintes 1 recebem 94 dB SPL, e os Ouvintes 2 recebem 76 dB SPL, diferença de 18 dB SPL, considerando que a cada 3dB SPL temos o dobro de volume, não sendo quase perceptível essa razão; quando se trata de cinco vezes mais, porém, é uma grande diferença.

Enquanto os Ouvintes 2 estão confortáveis, como se teoricamente conversassem com a fonte sonora, os Ouvintes 1 estão com a sensação de estarem diante de uma banda de *rock* em termos de volume.

Agora vamos calcular os volumes das caixas instaladas no alto, na posição Sistema 2, aplicando a fórmula para descobrir qual a perda sonora de volume de som.

Teoricamente, a caixa está tocando em 100 dB a 1 metro, e $X3 = 7,3$ metros e $X4 = 17,4$ metros. Temos então:

dB Spl em X3 =
Np (Nível de programa) = 100 dB SPL
$20 \times \log^{7.3} = 0.86$
$20 \times 0.86 = 17.26$
100dB SPL − 17.26 = 82.73 dB SPL

dB SPL em X4 =
Np (nível de programa) = 100 dB SPL
$20 \times \log^{17.4} = 1.24$
$20 \times 1.24 = 24.81$
100 dB SPL − 24.81 = 75.19 dB SPL
Arredondando, 83 dB SPL − 76 dB SPL = 7 dB SPL (a diferença)

No exemplo 1, tivemos uma diferença de 18 dB SPL entre os ouvintes X1 e X2; no exemplo 2, a diferença é de apenas 7 dB SPL entre os ouvintes X3 e X4. Dessa forma, o som é mais bem distribuído no ambiente e será bem menor a sensação de desconforto para quem está na frente ou atrás em razão do equilíbrio decorrente dessa configuração de posicionamento das caixas acústicas. Se as caixas da sua igreja estão posicionadas erradamente, corrija, pois o som vai melhorar muito. Um pouco de matemática torna indiscutível a insistência de pessoas que não têm nenhuma noção de som de colocar as caixas na parede de modo que fiquem "bonitinhas", ou conforme determinada igreja. Pode ser que determinada igreja as tenha fixado de modo duvidoso e errado, e outros copiarão esse equívoco.

Os cálculos apresentados servem para abrir o apetite do leitor a respeito da matéria acústica e sonorização. A internet pode ser uma boa ferramenta na busca por cursos presenciais "de *pedigree*". (Base: créditos a: Bersan, Fernando. A "Lei dos Inversos dos Quadrados" e o Áudio. Artigos.)

CORRENTE ELÉTRICA

A corrente elétrica a que os aparelhos eletrônicos são ligados também é importante. Em vez de um transformador, use um estabilizador potente para a linha que alimenta todos os equipamentos de som. Faça um aterramento na rede e chame um eletricista profissional para executar o trabalho.

MANUTENÇÃO

Existem dois tipos de manutenção: a preventiva e a corretiva. A segunda pode ser mais barata se a primeira for uma constante. Não se pode impedir que aparelhos apresentem defeitos, mas diminuir a frequência desse problema e aumentar sua vida útil sim. Não deixe pessoas sem qualificação fazerem qualquer reparo no som. Troque as tomadas, cubra a mesa, gire os falantes a cada ano, troque os reparos dos *drives* e evite fios remendados.

COMPLEXO MINISTÉRIO

São muitos os detalhes que compõem essa complexa matéria. A igreja que pensa que ser operador de áudio se resume a ligar o equipamento e aumentar o volume é semelhante a um pastor que somente sabe que a Bíblia é a Palavra de Deus, mas não a sabe manusear. Não é exagero. Faça um curso de operador de áudio e a igreja e os músicos sentirão toda a diferença no som. Invista em equipamentos corretamente.

Espero ter deixado o leitor a sentir o desejo real de dar mais atenção a essa parte importante do grupo de louvor. A confirmação de que você verdadeiramente quer crescer é fazer um curso sério ou investir no operador de áudio do seu grupo, mesmo que ele tenha experiência.

PARTE III

TRANSCENDÊNCIA

MINISTRAÇÃO

MINISTRAR LOUVOR e adoração no sentido espiritual da função é uma arte. Existe beleza, transcendência e técnica musical. Ao ser atingido por uma ministração ungida, derrete-se diante de Deus; ali são encontrados renovo, cura, força, consolação e alegria. É possível aprender a ministrar louvor somente observando o outro fazer, porém isso não é tudo. Ao ouvir as premissas de como dirigir o louvor, pode-se ir além, em vez de copiar os passos de outros ministros. É possível também descobrir os próprios passos.

Há pessoas imitando a forma de dirigir o louvor de outros líderes de adoração. Infelizmente, não se deve copiar e fazer o mesmo, pois a unção não pode ser repetida. Ela sempre será singular e derramada de forma pessoal.

Quando se entende como algo funciona, pode-se extrair melhor resultado e usar todo o potencial em total abrangência e com a possibilidade de estabelecer novos horizontes.

Deve-se buscar do Senhor direção e orientação para a reunião e como conduzir o povo no período dos louvores e da adoração. Dirigir o povo na adoração não constitui uma arte em que a habilidade do líder de manipular as emoções dos espectadores está sendo evidenciada ou demonstrada, porque a motivação e a inspiração não vêm das pessoas, mas do trono de Deus.

Tentar manipular as emoções do povo por meio do carisma, da musicalidade e da oratória do líder é transformar a reunião em um programa de auditório, transformando os adoradores em admiradores das qualidades de direção de uma pessoa, que deixa de ser um ministro de louvor e passa a ser um animador.

O altar não é um picadeiro de circo ou um *workshop* para demonstrar habilidades e destreza, muito menos uma vitrine em que se expõem técnicas ou talentos, porém é um lugar em que o ministro de louvor e os levitas trazem o *shekiná* ou *shekinah* – "o que tabernacula" (ver 1Rs 8:10-11; 2Cr 7:1-2) –, conduzem e dirigem o povo na adoração.

Ao ser incumbido dessa tarefa, também se está revestido de autoridade para a função e é igualmente responsável por estar no mesmo fluir do Espírito.

Todos os levitas devem ter uma vida de santidade; caso contrário, será oferecido fogo estranho diante do altar. Para que toda a igreja esteja num fluir harmonioso diante do Senhor, é preciso unidade no Espírito, tanto entre os levitas como na congregação.

PREPARO ESPIRITUAL

ANTES da reunião, é preciso buscar a face do Senhor, saber como Ele quer que ela seja feita, ter do Espírito Santo a orientação à direção da adoração.

Se você anda continuamente diante do Pai, obter Dele a direção da reunião será relativamente fácil, por isso é necessário ter uma profunda comunhão com Deus, um andar diário e uma busca contínua da Sua vontade, e não abrir mão da intimidade e da presença do Espírito Santo.

Muitos trazem maldição para o culto, como aqueles que ficam na frente da televisão assistindo ao jogo de futebol ou filme ou até programas musicais seculares minutos antes do culto. Olham para o relógio, veem que está em cima da hora, saem correndo para a igreja e não se preparam espiritualmente, às vezes orando rapidamente antes do louvor. Esses músicos estão trazendo maldição para o altar e para as suas vidas. Outros exemplos podem ser dados por você.

Antes do culto, prepare-se em oração, não somente o líder do louvor, mas todos que estarão conduzindo a Arca, que representa a presença de Deus (ver 1Cr 15:15). Habitue-se a ter um momento de preparação, reflexão e espera, aguardando do Espírito a orientação da ministração a fim de saber se há algo que não foi acertado, algum pecado não confessado. Ajuste a armadura para a guerra, chore diante do Senhor, tenha um momento de particular adoração.

Antes de sair de casa para ir a um culto, ministração ou show, eu invisto um tempo de oração e leitura – às vezes, até horas de preparo espiritual – para saber do Trono qual é a orientação e receber a capacitação do Espírito Santo para a minha função.

SENSIBILIDADE ESPIRITUAL

Ser designado para exercer a função de ministro de louvor não significa estar apto e maduro para dirigir a reunião com absoluta certeza. É preciso aprender com alguém mais capacitado, que tenha sensibilidade para ouvir o Espírito Santo. Isso se consegue gradativamente, pouco a pouco.

UNIDADE

O MINISTRO de louvor deve sempre manter um espírito de unidade para conduzir a congregação na adoração, e há um princípio espiritual, demonstrado na Palavra de Deus, para que esse objetivo seja alcançado:

> *Os trombeteiros e os cantores juntaram-se em uníssono, como uma só voz, para louvar ao Senhor e render-lhe graças. Acompanhados de trombetas, címbalos e outros instrumentos, ergueram a voz e cantaram: Ele é bom, e o seu amor dura para sempre. Então a casa do Senhor se encheu de uma nuvem, e os sacerdotes não podiam ter--se em pé, para ministrar, pois a glória do Senhor encheu a casa de Deus.* (2Cr 5:13-14)

> *Ora, o Deus de paciência e consolação vos conceda o mesmo sentimento uns para com os outros, segundo Cristo Jesus, para que, concordes e a uma só voz, glorifiqueis ao Senhor Deus e Pai de nosso Senhor Jesus Cristo.* (Rm 15:5-6)

Esses textos dão uma orientação bem clara sobre como a Glória do Senhor pode ser manifestada na adoração coletiva; o princípio espiritual está evidenciado no juntar-se para um único propósito, em uníssono, porque só se pode adorar quando se está em plena concordância, como uma só voz. Isso demonstra íntima unidade de espírito. Há uma visão de que, a exemplo de Cristo, é possível despojar-se do querer para experimentar um viver diário e uma comunhão que verdadeiramente glorifiquem a Deus, uma concordância extremamente amorosa e renunciadora sem exigências, um entregar contínuo e sem reservas, um servindo ao outro em amor, "para que, concordes e a uma só voz, glorifiqueis ao Senhor Deus e Pai de nosso Senhor Jesus Cristo".

Esta é uma das metas a serem alcançadas pelo ministro de louvor e os levitas: manter a igreja em unidade de espírito, todos no mesmo fluir, para que haja um mover poderoso de Deus no meio da igreja.

> *Então a casa do Senhor se encheu de uma nuvem, e os sacerdotes não podiam ter-se em pé, para ministrar, pois a glória do Senhor encheu a casa de Deus.* (2Cr 5:14)

A FUNÇÃO DO LOUVOR EM UMA REUNIÃO

A BÍBLIA narra claramente sobre a separação das funções dentro do templo, em que cada grupo de levitas tinha uma função especial. Semelhante modelo ainda hoje continua a existir com o líder de louvor.

O ministro de louvor possui uma função pastoral, que é cuidar dos músicos e cantores da igreja, supervisionando-os de modo que desempenhem suas funções o melhor que puderem, e conduzir a congregação nos louvores a Deus. Da mesma forma o louvor tem as suas funções.

Quando estudamos a história da música de Israel, notamos que sua configuração mudava de acordo com os eventos que estavam experimentando. Após a travessia do Mar Vermelho, o povo se deu conta da experiência de salvação que o Senhor, seu Deus, proporcionou. Moisés, acompanhado pelos israelitas, entoa seu cântico de louvor (ver Êx 15.1-18). Davi tocava e o Saul se sentia aliviado (ver 1Sm 16.23). O livro de Salmos possui dezenas de instruções para acompanhamento, vocais, tipos de instrumentos, seres vivos, montanhas, árvores, mares, monstros marinhos, sol, lua estrelas; absolutamente tudo deve louvar a Deus (Sl 150). Em relação a coisas inanimadas, a natureza e os seres vivos que compõem parte da criação detêm o louvor de referência, apontando para o seu Criador, como prova da realidade de um Deus consciente e que intencionalmente decidiu criar como elas são. Essas obras dão louvor pela expressão da própria existência.

A Bíblia segue nos ensinando sobre as funções da música e do louvor em suas formas variadas. A música em seu formato simplesmente artístico era utilizada para promover alegria (ver Gn 31.27 e Ec 2.1; 8-11). Vemos a música como louvor também nas guerras, como no caso de 2 Crônicas 20.21-22; como expressão de poesia e arte, que consta em Cantares de Salomão; como em casos de indignação e protesto, conforme narrado no salmo 73; para oração, como nos salmos 7 e 38; para confissão, como nos salmos 32 e 51. Veja também no dever religioso (Sl 81.1; 95.1); como testemunho (Sl 23,46); como musicoterapia, em 1 Samuel 16.14-17,23; como expressão de lamento e tristeza no livro de Lamentações.

Para cada tipo de reunião ou evento havia uma letra, um ritmo, um instrumento e vozes escolhidas em conformidade com o objetivo do propósito central. É isso que eu quero propor como ferramenta útil no uso do louvor em suas funções.

A música é um veículo de penetração poderosíssimo, uma ferramenta de múltiplas funções. Saber usá-la de forma adequada em cada particularidade de uma reunião ou evento trará um resultado extremamente satisfatório do que tão somente colocar as músicas aleatoriamente ou por apresentarem maior proximidade com a preferência musical pessoal do ministro de louvor, músicos e pastores.

Muitas pessoas me perguntam como escolher a música certa para uma reunião específica. Eu posso dizer que, antes de tudo, deve-se colher informações do objetivo da reunião em vez da característica da reunião. Esse é o meu método pessoal. Em uma reunião na época da Páscoa, só conseguimos pensar em cantar sobre a ressurreição. Em parte está certo. Pode ser que, assim que terminarmos a reunião de Páscoa, após uma cantata temática, concluamos que fizemos bem nosso trabalho. Mais uma vez, em parte está certo. Note que é mais importante o objetivo do que o tema ou as preferências das pessoas envolvidas. Os outros itens podem vir em segundo plano como motivos para a escolha de determinados tipos de louvores, mas primeiro o objetivo. Ao detalharmos o objetivo, alcançaremos todos os outros pontos também importantes.

Após tantos anos de experiência nessa área, eu raramente faço uma lista, pois não mais estou focado apenas no período de exercício do meu serviço congregacional no curto momento do louvor na igreja. Transformei minha existência num estilo de vida de adoração e, por causa dessa clareza de propósito de vida, não fico tão preocupado ou preso à lista de cânticos; simplesmente faço na igreja, ou igrejas, o que eu realizo no dia a dia. Não é porque sou melhor ou mais talentoso, ou tão espiritual. Não sou mesmo! Eu tenho muitas limitações, contudo, quando você põe Deus em cada situação da sua vida, em várias delas, um louvor se encaixa. Dessa maneira, seu repertório de experiências avoluma-se de opções que podem ser usadas no exercício do ministério pessoal, servindo a Deus e à igreja.

Quando você está frustrado por não conseguir algo que está esperando, vêm à mente, imediatamente, cinco ou mais louvores que trarão alento para o sentimento que se está experimentando. Isso se você tem uma vida devocional constante. Caso não tenha, dificilmente, mesmo que use técnicas de ministeriais, conseguirá ministrar e edificar a congregação.

Você se pergunta: "E se eu enfrentar um luto inesperado?". Também há cânticos que expressem gratidão, porque Deus está no controle e busca por consolação. Também porque é possível homenagear a memória da pessoa perdida sem que se pareça com um culto aos mortos, com um cântico conceitual.

E se repentinamente há uma reunião de valores cívicos, como honra, respeito ao próximo, obediência, amor à Pátria etc. Como agir?

Permita-me contar uma experiência pessoal para ilustrar melhor como escolher determinados tipos de louvor. Certa vez, eu fui convidado para ministrar louvor numa conferência missionária. Estavam presentes grandes líderes de agências missionárias nacionais e internacionais, cuja denominação e cujos nomes não vou citar, porque todos conhecem suas siglas, nomes e dirigentes. E o foco aqui é procurar o objetivo.

Os cânticos deveriam conter temas-chaves, como louvores das nações, boas-novas, consagração, vida missionária, urgência, pregação, messias etc., e temas que abordassem o despertamento, como interseção, recursos financeiros, missões regionais, estaduais, nacionais e mundiais. Acrescentei cânticos de comunhão, porque, se não sabemos nos relacionar aqui, como eles, as pessoas ou povos sem salvação vão crer em Cristo?

Aparentemente, todas essas informações me colocariam no caminho certo no que se refere à cooperação. Dentro do que foi pedido, adicionei um cântico que dizia: "A morte foi vencida, Jesus, o Filho de Deus ressuscitou, Jesus vivo está em nossos corações, é por isso que estamos em festa!". É possível o leitor supor como seria o andamento de uma canção que possui a frase: "é por isso que estamos em festa!".

Quando terminei esse louvor, um dos líderes que iriam pregar em seguida desfez toda a nossa preparação do período do louvor, dizendo assim que começou sua pregação: "Como podemos estar em festa se há pessoas indo para o inferno?! Tirem toda essa alegria do coração de vocês!".

Aonde eu quero chegar? Não adianta o grupo preparar um repertório bem planejado baseado em temas, palavras-chaves, público, se todos os envolvidos na reunião não estiverem alinhados com o objetivo.

Qual é o objetivo de uma reunião sobre missões? Deixar o povo deprimido porque pessoas estão indo para o inferno? Isso é sensacionalismo! Então, não leve seu grupo para participar de uma reunião assim. Qual é o objetivo de uma vigília, uma reunião evangelística, uma reunião para empresários?

Especificamente no estudo de caso que estou comentando aqui, o objetivo de uma reunião missionária deve ser: conscientizar da necessidade de enviar trabalhadores, pois já é hora de levar as boas-novas. "Eis que eu vos digo:

levantai os vossos olhos e vede as terras, que já estão brancas para a ceifa" (Jo 4.35 – RC). E também por causa da dimensão, da demanda e das necessidades. "A seara é realmente grande, mas poucos são os ceifeiros" (Mt 9.38 – RC). E orar para Deus despertar sua obra missionária e providenciar estratégias e recursos. "Rogai, pois, ao Senhor da seara que mande ceifeiros para a sua seara" (Mt 9.38 – RC).

Quando sabemos o objetivo, podemos trabalhar nos detalhes da escolha, na preparação de cada letra, música, músicos, instrumentos e inovações. O louvor se tornará mais eficaz trazendo edificação e instrução por intermédio dos parâmetros didáticos que envolvem sua execução. Se o púlpito e os músicos estão alinhados, ninguém será surpreendido por situações que fogem de um resultado efetivo e próspero.

É comum, quando se prepara uma reunião, buscar atingir um momento que podemos chamar de clímax, ou seja, um ponto alto em que atingimos o objetivo proposto. O que enfraquece uma reunião no seu todo é depositar em um item a responsabilidade de ser o ponto alto. Por exemplo: dizer que a pregação é o momento mais importante de uma reunião. Você pode discordar de mim, porém a pregação, ou ministração da Palavra, não é o momento mais importante de uma reunião. O louvor também não é, nem o apelo, ou convite para aceitar Jesus, a consagração financeira ou a entrega dos dízimos e ofertas. Todo o culto é o momento mais importante. Pensando assim, é como eu disse no começo deste tópico: não apenas uma parte de mim, ou uma parte do meu tempo, mas toda a minha vida está comprometida com Deus.

Todas as vezes que rotulamos uma característica de louvor e adoração estamos colocando Deus dentro do que, naquele momento, sabemos sobre Ele. O Senhor não cabe dentro das nossas conjecturas. Nosso louvor pode ser muito mais que evangelismo, comunhão, consagração, guerra, consolação, didático, contemplação, espontâneo, textual etc. Nosso louvor deve ser Deus em nós e através de nós. Seja para abençoar a nós mesmo ou a outras pessoas.

Outro exemplo de limitação que eu gostaria de compartilhar é quando planejamos o uso dos louvores dirigidos a uma parte dos presentes. Geralmente, as reuniões possuem pessoas com mais idade, que preferem um determinado tipo de música e andamento e com letra de palavras fáceis e claras sobre a fé. Outra parte dessa reunião ou culto é composta de indivíduos com idades intermediárias e jovens que reagem melhor a músicas pulsantes com ritmos que despertam o movimento. Se o ministério de louvor privilegiar um grupo com louvores de sua preferência, o outro se sentirá desmotivado a participar de algo que não seja de conformidade ao seu perfil.

Na escolha dos louvores, portanto, deve-se sempre priorizar o objetivo do culto, porque a igreja será instruída e moldada e aprenderá também a contribuir com essa disposição em comum.

Este é, creio eu, o melhor caminho no uso dos tipos de louvor, é engajar a igreja, envolver a todos para alcançar o alvo principal daquela reunião. As funções dos louvores são bem específicas e interferem na escolha das músicas. Se for para adorar, que seja com adoração. Se for para evangelizar, que seja com louvor congregacional. Já para o louvor horizontal, com cânticos de comunhão, prefira-os depois dos de guerra e antes da adoração. No momento vertical, por sua vez, podemos usar louvores dirigidos à exaltação de Deus por causa dos seus atributos. Prefira cânticos com Salmos e conceituais que abram a mente pela multiforma de a graça se apresentar.

E o que é mais adequado em cada situação? Meu conselho é não sair do trilho. Caso seja um culto fúnebre, não cante cânticos de guerra ou de alegria. Escolha cânticos que expressem esperança, governo de Deus e consolação.

Em um culto evangelístico, não use cânticos sobre mordomia cristã, ou que falem a respeito de retaliação ou prosperidade por ter a Cristo. Aliás, remova os cânticos que denotam vingança do repertório do ministério de louvor. Nesse caso, evangelístico, pregue a Bíblia; arrependimento; amor de Deus; Cristo, o Cordeiro. Se for uma reunião que enalteça a habilidade musical como dom dado por Deus, tome cuidado para não ser uma antropocêntrica. LEMBRE-SE: independentemente da reunião, Cristo é sempre o centro! Se mantiver isso como base do grupo, tudo caminhará perfeitamente.

CONDUZINDO A REUNIÃO

O PRINCÍPIO que geralmente uma igreja passa em uma reunião é ilustrado pelo Tabernáculo de Moisés, conforme representado na figura a seguir.

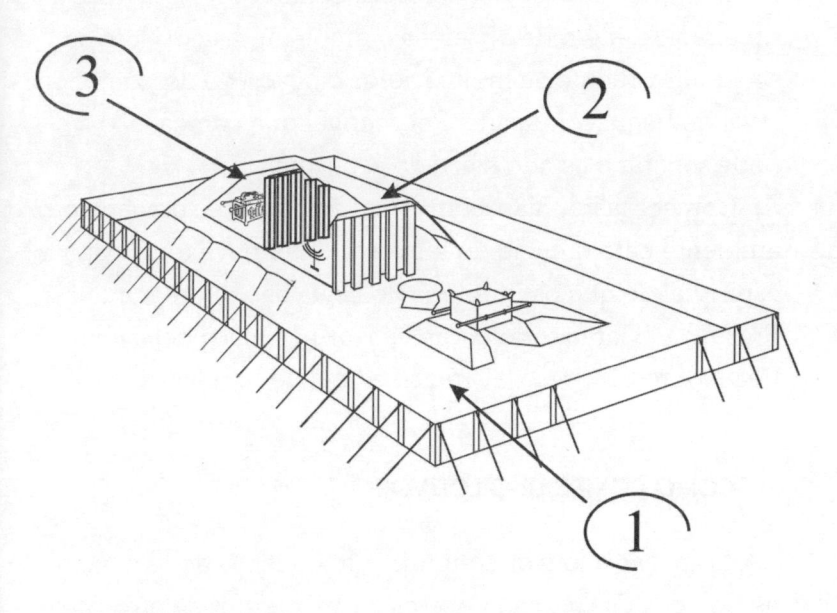

Três, então, são as fases para se tirar como base o princípio da comunhão:

1. **Átrio** – Lugar de reconhecimento e confissão de pecados e de testemunho, convocação para a adoração.
2. **Santo Lugar** – Local para se preparar para um relacionamento mais íntimo que está por vir, alegrar-se da salvação e ter comunhão horizontal.
3. **Santo dos Santos** – Lugar de profunda adoração, visitação e manifestação do Espírito Santo.

Começar uma reunião com o cântico certo é um bom começo; se o cântico for incorreto, porém, não se desespere, pois é perfeitamente possível retomar a direção certa.

Você precisa avaliar e perceber como o povo está espiritualmente, além de observar o ambiente físico. Note se está muito quente ou muito frio, se o povo está desconfortável ou bem acomodado. Por incrível que pareça, não se pode separar o estado físico do espiritual.

Comece a reunião com uma oração que prepare o ambiente para o início do louvor. O líder deve ter a visão espiritual de que os inimigos de Deus não querem a Sua Presença, e farão tudo o que estiver nas mãos deles para trazer opressão, peso, distração e falta de concentração.

COMO COMEÇAR O LOUVOR

Começar o louvor com um cântico lento pode deixar as pessoas desanimadas, se elas estiverem mentalmente dispersas. Em contrapartida, começar com um cântico ritmado pode ser agressivo e deixar o povo totalmente atrás na jornada de louvor, sem conseguir alcançar o nível espiritual em que você está. Lembre-se de que você teve um momento para se preparar. A congregação muitas vezes pode não estar preparada no início do período de louvor (ver item "d"). Comece onde o povo está espiritualmente e conduza-o à presença de Deus. Não use cânticos para preencher espaços, não os desperdice.

Você pode ter passado minutos e até horas se preparando e estar espiritualmente pronto para o louvor, mas as pessoas ainda não se deram conta de que estão na casa de oração. A maioria dos crentes vem do trabalho, de onde Satanás tentou envergonhá-los e humilhá-los; muitos passaram por essa guerra o dia inteiro, e o que eles querem é ser conduzidos, guiados à Presença de Deus. O Espírito Santo fará isso, mas você deve estar sintonizado com Ele, colaborando.

Use uma lista de temas que sirva como referencial na condução do louvor. Não é uma regra, mas esteja atento para ouvir a voz do Espírito Santo. Ele pode mudar o curso das coisas, então esteja sensível a Ele, mas veja um exemplo de lista a seguir:

1. Chamada à adoração, convocação.
2. Cânticos que declaram como testemunho a Glória do Senhor.
3. Se estiver um ambiente pesado, contra-ataque com cânticos de guerra.
4. Use cânticos que aproximem os irmãos e encoraje-os à comunhão horizontal sempre no meio da jornada de

louvor. Isso cria um ambiente de unidade que pode ser o prenúncio da adoração.

5. Depois do momento de comunhão horizontal, podem ser introduzidos cânticos alegres e que entronizem a glória do Senhor sobre a Terra de forma mais convicta.
6. A adoração deve ocorrer no clímax do louvor. Se você deixar passar o momento certo, será difícil retomá-lo; se você tentar atingi-lo logo, será frustrante. Lembre-se do princípio espiritual de cantares, o preparo da noiva que antecede ao encontro com o noivo.
7. O momento certo para o cântico espiritual é na adoração. Colabore com o Espírito Santo, levando a igreja nessa direção. O povo romperá em adoração elevada e estática.

RECURSOS

Module os cânticos de forma que o tom fique disponível e confortável para a igreja cantar. Tons altos cansam a voz do povo; cânticos de tons baixos impossibilitarão a igreja de colocar volume na interpretação.

Deixe o sermão para o ministério da Palavra, senão você pode cansar o povo que quer louvar. Faça poucos comentários antes e depois dos cânticos. Não deixe as pessoas ouvindo o "grilo cantando" (momento de silêncio), então seja dinâmico entre um cântico e outro! Não fique olhando para os músicos como se eles fossem os culpados de a música não começar logo. Ao contrário, ensine-os a tocar com dinâmica e, na introdução da música, a tocar com um bom volume para chamar ao louvor (não muito alto). Quando for a vez da parte cantada, abaixe o volume na dinâmica do tocar, não no controle de volume dos instrumentos, e toque mais suave para escutar a voz do povo. Isso dá um bom efeito de condução. Não use gestos exagerados para baixar o som, sendo elegante nessa condução a fim de que o povo nada perceba.

Cuidado para não estar muito à vontade ao dirigir o louvor em uma reunião. Esteja sempre bem-apresentado e cuide de suas roupas e seu comportamento. Manter as mãos no bolso, por exemplo, dá a você a aparência de ser displicente e presunçoso. Seja simpático, sorria, olhe nos olhos dos irmãos para eles seguirem sua ministração. Evite chamar a atenção do povo, exortando-os para que sejam mais expressivos.

Veja alguns cuidados que devem ser tomados a seguir:

1. **Uso dos cânticos:** Não se deve usar um cântico bom muitas vezes, ele perderá seu frescor. Faça o povo descobrir a poesia e a beleza musical de cada cântico e tome cuidado para que a igreja não seja muito "marqueteira", isto é, consumidora de modismos musicais. Há espaços para todos os cânticos. Assim, faça as pessoas cantarem sua própria teologia, pois isso incentiva os compositores da casa, os quais farão cânticos lindos e inspirados, como os dos grandes e famosos cantores da mídia evangélica.

2. **Interrupção dos cânticos:** há pastores cujo péssimo hábito é sempre interromper uma canção para entregar profecia. Cortar o ministro para agitar o povo parece mais uma estratégia de teatro do que ação do Espírito Santo. Respeite, então, o que o Espírito Santo está fazendo naquela música. Não há problema em parar o cântico vez ou outra, mas fazer isso durante o culto todo é apenas manipulação.

3. **Mente condicionada:** você pode perceber que a igreja vicia-se em somente reagir com determinado cântico. A mente coletiva está condicionada a glorificar apenas quando determinado louvor for ministrado. Se isso acontecer repetidamente, procure ensinar o povo a prestar atenção nos outros louvores de igual beleza poética e musical, e apreciá-los, deixando-se tocar por eles.

4. **Experiência desconhecida:** não force a igreja a cantar experiências que não teve, falha repetida pelos ministros insistentemente. Use seminários para ensinar sobre "momentos" e "épocas" com Deus, e não os cultos, nos quais há pouco tempo para levar a igreja a experiências profundas. Em um seminário, as pessoas terão mais tempo e disposição para mergulhar na profundidade da adoração. Depois de assistir a um DVD ou voltar de um seminário de louvor, não queira que a igreja repita o mesmo momento de adoração que havia naqueles lugares. É preciso que você tenha o mesmo tempo e preparo que os envolvidos tiveram

em seus eventos para que a sua congregação experimente semelhante experiência.

5. **Ensaie bem:** desista de ensinar um cântico à igreja sem saber cantá-lo corretamente. Memorize a letra e todos os detalhes do arranjo para influenciar a igreja a cantar com você, e não a fazer cantar para você para não ficar sozinho cantando.

6. **Entendimento:** cante cânticos que o povo possa entender. Deus usa a arte para tocar as pessoas, mas não precisa dela para falar com elas. Se você quer ministrar músicas com letras elaboradas, ensine a igreja a ouvi-las com um programa de sensibilização artística, até que elas possam aprender a entender. Mesmo assim, isso tem um limite.

7. **Música para músicos:** outro erro comum são os cânticos e arranjos que só músicos entendem – e, mesmo assim, apenas uma parte; aquela que não conseguiram entender vão criticar. Então, faça louvores para adoradores, e não para intelectuais. Isso não impede que você faça algo requintado, mas pondere as motivações e tenha um plano para que as pessoas se integrem no seu projeto.

8. **Não copie:** não reproduza ministrações de cantores ou grupos de louvor que estão gravadas em DVD ou CD. Não imite gemidos, choros, frases, roupas. Seja você. A identidade que o Espírito Santo fez exclusivamente para você deve ser desenvolvida e valorizada.

9. **Paciência:** se a igreja não cantar os cânticos com energia, não fique irritado. Procure não a chicotear quando ela não reage ao seu comando. Em oração, busque o que está errado. Não sapeque broncas na igreja ou exortação à queima-roupa. Ela poderá até cantar mais energicamente, mas porque apanhou, contudo não saberá corrigir o que está errado e fatalmente cometerá o erro outra vez. Faça um seminário na intenção de ensinar a corresponder, a participar e a contribuir com a adoração.
10. **Serviço:** sirva à igreja com os cânticos, e não ao contrário. Use-os para edificar, e não para elitizar. A igreja é um lugar de adoração e louvor, e não o "Palácio da Cultura".

COMUNICAÇÃO ENTRE MINISTRO E MÚSICOS NO MOMENTO DA MINISTRAÇÃO (E COM A IGREJA)

Pode acontecer de termos que realizar modificações numa música que já foi definida no seu corpo. Veja um exemplo:

INTRODUÇÃO - 1ª ESTROFE - CORO - 2ª ESTROFE - CORO - SOLO/GUITARRA - CORO - CORO/SEM INSTRUMENTOS - CORO/TODOS - FIM

Se, no momento do louvor, desejarmos repetir essa música, como podemos transmitir isso para todo o grupo sem erro? Eu, pessoalmente, prefiro a comunicação aberta, pois não vejo problema de a igreja perceber que o ministro de louvor está comunicando aos músicos que farão uma mudança no que já haviam definido. Não estamos numa quadra de vôlei, em que o jogador tem de esconder a jogada passando as informações em gestos codificados e em segredo para não ser bloqueado.

Vamos começar com a retórica e a direção do ministro de louvor. Primeiro, temos de evitar gestos e frases repetitivas e inapropriadas que transmitem precariedade de vocabulário, falta de preparo musical e cacoetes copiados de artistas. Deve-se enxugar e melhorar a comunicação em todos os aspectos.

Exemplo de repetições exageradas e inapropriadas que precisam ser evitadas:

- *Tire o pé do chão!*
- *Vire para seu irmão e diga: (...)*
- *Levante as mãos!*
- *Diga uma frase de louvor.*
- *Deus me disse...*
- *A Bíblia diz:* (E fala o versículo errado)
- *Nosso pastor diz:* (Exalte a Deus, e não o homem)
- *Você deve fazer...* (Diga **nós** devemos fazer)

Na igreja, substitua as frases com aspecto de *showbiz* por expressões que carreguem a atmosfera de culto congregacional, que transmitam uma fé inteligente, clara e racional. Planeje antecipadamente, pegue um dicionário de sinônimos bem amplo e escreva declarações que substituam essas repetições que imitam posturas performáticas midiáticas. Grave um vídeo das suas ministrações e assista a ele depois para avaliar. Leia meu outro livro, intitulado *Desenvolva sua identidade ministerial* (Editora Ágape, 2014), que contém dicas sólidas para esses temas.

Exemplo de comunicação que precisa ser evitada: repetir a primeira frase das estrofes, coros e pontes em toda a música, e, nas vezes em que for realizar uma modificação ou retorno a uma determinada parte da canção, voltar a repetir a primeira frase é maçante e enche a música de narração. Isso, portanto, deve ser evitado. O líder de louvor tem de enxugar suas manifestações e interferências; falar a letra antes de cantar repetidamente, portanto, é uma mania tediosa.

Veja isto: ao começar cantando o louvor, não diga a primeira linha da estrofe ou cântico. Só faça isso como sinalização para repetir uma parte da música. Falar a primeira frase do cântico uma vez ou outra tudo bem.

Exemplo incorreto: imagine a igreja cantando e o ministro de louvor repetindo as frases antes de todos cantarem.

igreja (Dirigente de louvor)

Meu Jesus, Salvador.
(Outro igual não há!)
Outro igual não há.
(Todos os dias...)
Todos os dias, quero louvar.
(As Maravilhas...)
As maravilhas de teu amor.
(Consolo!)
Consolo, abrigo.
(Força e refúgio...)
Força e refúgio é o Senhor.
(Com todo o meu ser...)

[...]

Muitos ministros fazem isso e, quando vão sinalizar à igreja que será repetido o coro, repetem a frase do coro antes de cantá-lo novamente, o que deixa o louvor uma música cheia de narração e enfadonha com todas essas repetições.

O modo certo seria repetir a frase do cântico apenas para voltar, como sinalização, e não para chamar atenção ao significado da frase. Se puder, pegue a letra de um belo cântico baseado na palavra e faça uma pregação como ensino, estimulando a igreja a se atentar aos princípios espirituais das letras dos louvores. Ensine-a que os cânticos são pequenos sermões cantados. Martinho Lutero e o movimento da Reforma Protestante utilizaram esse método como ferramenta para a igreja memorizar as verdades espirituais contidas nos sermões passados para os hinos.

Exemplo correto: apenas para sinalizar o refrão.

[...]
Firmado estarei, sempre te amarei.
Incomparáveis são tuas promessas pra mim.
(Aclame ao Senhor!)
Aclame ao Senhor toda a terra e cantemos
Poder, majestade e louvores ao Rei.
[...]

Enxugue suas manifestações. Não será pelo muito falar que o louvor vai ser mais verdadeiro ou espiritual. A igreja reagirá ao comando que der a ela, porém, com o tempo, ficará viciada nessas repetições exageradas. E então, quando outro ministro de louvor menos repetitivo dirigir a congregação à adoração, ela não vai reagir porquanto está habituada em ser manivelada em suas expressões de louvor.

Depois de melhorar esse aspecto, enxugando as narrações, é hora de aprimorar a comunicação entre os músicos.

SINAIS

Quando tocamos muito tempo com os mesmos músicos, por meio do líder, percebemos para qual parte da música está se encaminhando. Um acorde sinaliza a volta para a primeira estrofe, a ida para a próxima parte, a repetição do coro, ou se é para tocar forte ou fraco. Eu toco teclado e violão há muitos anos com os mesmos músicos, e o meu baterista e o meu baixista sabem exatamente o que quero fazer. Eles percebem quando quero repetir o coro, a estrofe ou improvisar algo indefinido. Não é possível, aqui, dar dica sobre isso, mas posso dizer que você deve construir sua comunicação tocando um bom tempo com seus músicos. O líder de louvor pode combinar gestos simples e sutis que transmitam especificamente um comando.

O que mais importa mesmo é a clareza do movimento, porque dele depende o sucesso da improvisação que se deseja alcançar. Por exemplo, se sinalizar para repetir a música, o que os músicos deveriam fazer? A dúvida que os músicos podem ter é: será que vai voltar desde a introdução ou vai direto para a primeira frase da estrofe?

Não tenha receio, portanto, de ter que falar que será repetido desde a introdução. Você pode falar no microfone com suavidade alertando, ou fora do microfone, porém olhando para os músicos. Não existe um padrão de sinais, mas temos um modo comum de reforçar palavras que estamos dizendo com gestos com as mãos. Então, quando queremos seguir em frente, apontamos para a frente com a mão aberta e os dedos juntos. Se desejamos que alguém pare de falar, apontamos a mão aberta com os dedos abertos como se estivéssemos pedindo calma. Alguns ministros incrementam sinais arrojados como um C com a mão indicando o coro, ou imitam um guitarrista tocando, como se desse palhetadas, para ser um som mais forte etc. Tudo é válido desde que seja simples, sem margem para dúvidas.

- **Terminar a música** – Coloque o braço na vertical e feche a mão.

- **Próxima parte suave** – Mantenha a mão aberta e os dedos separados, pedindo para acalmar.

- **Parar os instrumentos** – Mostre a palma da mão para baixo, fechando a mão (repita uma ou duas vezes sutilmente se achar necessário).

- **Tocar mais forte** – Com a palma da mão para cima, movimente a mão pedindo para subir.

- **Repetir o coro** – Com a mão na horizontal, faça um movimento circular com o dedo indicador no sentido horário.

- **Repetir a primeira estrofe** – Aponte com o dedo indicador para cima.

- **Repetir a segunda estrofe** – Aponte com os dedos indicador e médio para cima.

- **Solo de um instrumento** – Aponte para o instrumento e olhe para o músico e para a banda.

- **Outro solo de instrumento** – Aponte para o outro instrumento e olhe para o músico e para a banda.

- **Somente a igreja cantando** – Aponte para a igreja e para os músicos fechando a mão.

o **Somente a igreja e a bateria** – Aponte para a igreja e para o baterista.

o **Somente a igreja e outro instrumento** – Aponte para a igreja e para o instrumento.

o **Entrar a banda novamente** – Com a mão na vertical, faça o movimento circular com o dedo indicador, significando todos.

o **Tocar muito suave** – Faça o movimento com os dedos como se estivesse tocando um teclado.

o **Ponte** – Aponte para baixo os dedos indicador e médio juntos. Marque previamente com os músicos a parte da canção que é mais intensa.

o **Repetir a parte final com intensidade várias vezes** – Deixe a mão na horizontal semiaberta e faça um movimento circular sentido horário (ou junte os dedos indicador e médio e aponte para o lado). Combine a melhor forma com os músicos.

o **Subir de tom** – Aponte o dedo indicador para cima e faça um movimento repetitivo como se fosse furar uma bexiga (um tom: só o dedo indicador; meio-tom: o indicador e o polegar como se fosse a letra "J").

Antes de qualquer tentativa de usar sinais, explique para os músicos cada sinal especificamente. Eu prefiro a comunicação visual e gestual comum. Evite desenhos no ar; a ideia é apenas a comunicação entre os músicos e o ministro de louvor, não se deve chamar a atenção ou deixar os sinais com aspecto cômico.

SINAIS COM O OPERADOR DE ÁUDIO

Muitas vezes, o operador de áudio está longe do grupo, então também é necessária uma estratégia de comunicação com ele. Veja as dicas para essa comunicação:

o **Aumentar o retorno do instrumento** – Aponte para o instrumento e, com a palma da mão para cima, faça sinal para subir. Ou aponte para o instrumento e o seu ouvido.

o **Abaixar o volume de determinado instrumento** – Olhe para o operador de áudio e aponte para o instrumento. Com a palma da mão para baixo, suba e desça a mão duas ou três vezes para abaixar o volume.

o **Dar destaque a um instrumento solo** – Aponte para o instrumento e, como se desse um beliscão, faça o movimento no sentido horário, imitando o aumento do volume de um controle paramétrico.

o **Para desligar ou dar *mute* em um instrumento** – Faça o sinal de tesoura cortando, com os dedos indicador e médio.

Todos esses gestos e movimentos são comuns entre nós para expressar o que se deseja na comunicação. É muito importante que, quando for pedir para abaixar o volume, não faça uma careta de dor ou de que algo ruim está acontecendo, nem aponte o dedo polegar para baixo denotando algo negativo com feição de reprovação. Ao pedir para aumentar o volume, não o faça como se estivesse dando bronca em alguém. Cuidado para não fazer cara feia para transmitir algo desagradável no som, entre os músicos ou com o operador de áudio e entre si. Seus movimentos e gestos na comunicação podem transmitir algo agressivo e suspeito, dando aparência do mal. Isso passa a imagem de um ministro tempestuoso, irritado e sem controle.

Seja criterioso nesses itens, nada de gestos complexos e confusos. Não podemos substituir um ensaio bem planejado e realizado por improvisações durante a ministração promovidas por uma linguagem de sinais.

CICLO PROFÉTICO

AQUELES QUE ministram louvores são atraídos a agradar ao povo. É óbvio que é preciso seguir um plano para que os corações sejam tocados. Planejar é muito bom. Você deve planejar o louvor.

No capítulo anterior, demonstrei o caminho do louvor com base no modelo no tabernáculo de Moisés. Vale enfatizar que o tabernáculo é uma representação das coisas que se veem no céu segundo o que a Bíblia nos declara: "Os quais ministram em figura e sombra das coisas celestes, assim como foi Moisés divinamente instruído, quando estava para construir o tabernáculo; pois diz ele: Vê que faças todas as coisas de acordo com o modelo que te foi mostrado no monte" (Hb 8:5).

Note os detalhes nesse texto. O trabalho dos sacerdotes era uma cópia do que há no céu, e você também pode perceber isso na versão NTLH a seguir:

> *O trabalho que esses sacerdotes fazem é, de fato, somente uma cópia e uma sombra do que está no céu. Foi isso que aconteceu quando Deus falou com Moisés. Quando Moisés estava para construir a Tenda, Deus disse: Tenha cuidado para fazer tudo de acordo com o modelo que eu lhe mostrei no monte.* (Hb 8:5)

Tudo o que se faz em adoração tem como fonte o céu. É de lá que vem o louvor. Ele não brota no coração de ninguém se Deus não der o primeiro passo. Ao seguir esse modelo dado pelo Pai, seguramente se encontrará a sala do trono. No Novo Testamento, na dispensação da Nova Aliança, o Senhor explica que Ele habita dentro de cada um. Mesmo assim, o caminho da adoração é o mapa para alcançar níveis de adoração mais altos. Se desejar experimentar esses níveis, o caminho é copiar o modelo dado por Ele no monte, ou seja, adoração nos seus moldes, e não nos dos outros.

O ciclo profético é um termo usado para se entender o ciclo do louvor, e não o caminho aos níveis de adoração. A forma correta de se tratar isso é abandonar a abordagem mística exagerada que se tem hoje. Vivemos tempos da institucionalização do pecado. As leis são criadas para impedir que a igreja pregue a Palavra de Deus. O derramar do Espírito Santo é promessa neste tempo. "Veio, porém, a lei para que a ofensa abundasse; mas, onde o pecado abundou, superabundou a graça" (Rm 5:20).

É preciso dar espaço à transcendência, mas ficar alerta para não agir como mago da adoração.

REGRAS DOS CICLOS PROFÉTICOS

São duas as regras dos ciclos proféticos: 1) as profecias ou ciclos proféticos não podem ir contra a Bíblia; 2) as profecias não precisam ter elementos bíblicos. Se você ouvir uma profecia de que Deus está lhe dando uma unção de "HD" (*hard disk*) – como se tivesse uma supermemória para guardar a Palavra ou estudos –, não significa que não seja Ele quem está falando só porque não há a Palavra HD na Bíblia.

Se o ministro conhece mais doutrinas do que a Palavra, terá muitos problemas em realmente crescer com Deus. O ciclo profético pode ser aprendido com a observação dos ambientes proféticos que se passam no louvor. Nem todos conhecem todos os ambientes; o conceito de que Deus dá a um ministério toda a revelação para determinada geração é contra a Palavra. Você pode ter um grande conhecimento e um gigantesco ministério; contudo, é apenas uma parte de uma revelação, pois o restante será entregue a outros adoradores. Nenhum ministério tem todos os dons.

Posso compartilhar algum ciclo, mas não todos, pois não os conheço. Sei apenas o básico, e tenho muito que aprender. E você também poderá me ensinar suas descobertas com Deus.

A primeira revelação é o ciclo do louvor e da adoração antes de se detalhar alguns estágios. Você já deve ter percebido que a Bíblia usa a agricultura para ensinar verdades espirituais. A primeira é a lei da semeadura. A natureza é a voz de Deus para parte desses princípios.

Não quero elaborar uma teoria (mesmo já fazendo uma) nem pretendo que você olhe para o que vou compartilhar como algo com fim em si. Deus pode abrir seus olhos para ver além do que vejo, porém aqui pode estar o início.

Observe o desenho do ciclo do louvor:

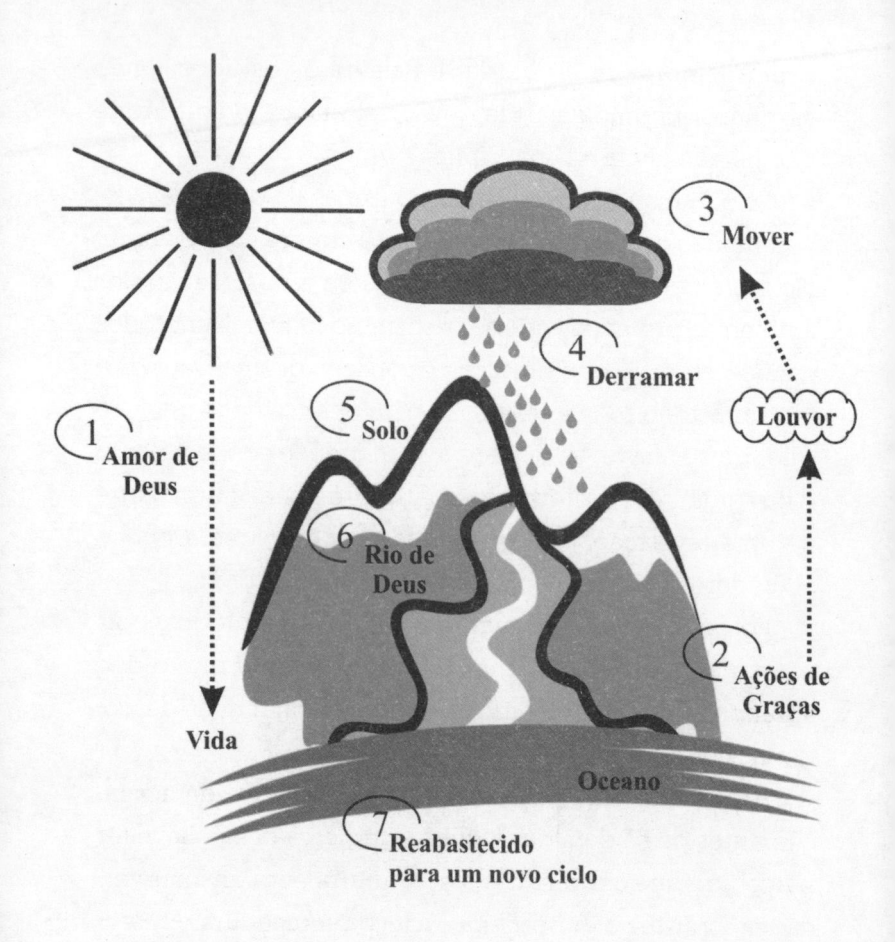

1. Amor de Deus → Vida
2. Ações de Graças
3. Mover
4. Derramar
5. Solo
6. Rio de Deus
7. Reabastecido para um novo ciclo

Louvor

Oceano

1. O sol aquece o oceano. O amor de Deus aquece nossa vida.

2. A água do oceano evapora e sobe para o ar. Reação com ações de graças.

3. O vapor de água esfria e condensa na forma de gotículas, que formarão as nuvens. A nuvem de Deus se forma.

4. Se muita água se condensa, as gotas se tornam pesadas e caem no solo na forma de chuva. É o derramar da porção de Deus.

5. Um pouco de água é coletado pelo solo. A terra é regada.

6. O resto volta para o oceano por meio dos rios. Os rios de Deus passam por toda a extensão da nossa existência.

7. Tudo volta ao oceano. Pronto para um novo ciclo.

O ciclo profético vem de Deus, e não é algo a que se pode dar início. Com cânticos, não é possível abrir um tempo novo com Deus. Isso é uma atitude do Senhor. O Espírito Santo dá início a esse ciclo. "Nós amamos porque ele nos amou primeiro" (1Jo 4:19).

o **Primeiro:** O Espírito de Deus aquece nossa vida com o amor do Senhor. Aqui está uma atitude do Pai. Nunca é o homem que busca a Deus, pois essa é tarefa do Espírito Santo. O homem que aceita o amor revelado e o reconhece terá a reação de render louvores e adoração a Deus. Ele mostra que você precisa Dele se você aceitar o Seu amor, sua ação de render louvores a Ele.

o **Segundo:** Você é quem dá o passo. Agora, com o coração movido pelo amor de Deus que foi derramado pelo Espírito Santo, você oferecerá louvores ao Pai. Ações de graças são atitudes espirituais e em obras de gratidão porque o Senhor tocou em você.

- **Terceiro:** O mover do louvor leva seus louvores até Deus.

- **Quarto:** O cálice de Deus se enche e é derramado na Terra, na sua vida, onde quer que você esteja. A chuva de Deus é uma resposta ao seu louvor, mas lembre-se de que foi o Pai quem teve a iniciativa. A resposta pode vir de várias maneiras, contudo a sua função é o abençoar. Por isso é muito bem-aceito entender que a adoração não é para Deus, mas para abençoar cada um. O Senhor sabe disso e aquece a vida de todos com o Seu amor.

Pauso aqui para deixar claro que Deus continua sendo quem Ele é sem a minha ou a sua adoração. O Senhor não precisa de adoração, por isso a adoração é para que todos sejam abençoados. Uma dica aqui é não deixar que o vento leve sua nuvem a desabar água em outro lugar, então seja muito enérgico em louvar ao Pai, para que a nuvem fique pesada o mais rápido possível e desabe na sua vida.

- **Quinto:** Este lugar é ocupado pela ação do derramar de Deus, pois a terra, alimentada e regada, poderá dar seus frutos. Uma terra seca se torna rapidamente árida e infecunda. Nenhuma atividade de vida poderá suceder ou se desenvolver numa terra sem a chuva de Deus, mas se forma com a reação à revelação do amor de Deus. Isso é adoração.

- **Sexto:** Os rios de Deus levam água por toda a superfície da Terra. Às vezes, chove em uma região e em outra não. O rio tem esta finalidade: levar água às regiões aonde a chuva ainda não chegou. Deixe os rios de Deus fluírem na sua vida.

- **Sétimo:** Os oceanos – as vidas – recebem toda a água de Deus e estão prontos para um novo ciclo.

MAGOS DA ADORAÇÃO

AS PESSOAS estão tratando a adoração equivocadamente, e usam a Bíblia como se fosse um livro de magia e bruxaria, lendo a Palavra de Deus na busca por descobrir algo que ninguém descobriu. Depois da descoberta, tentam invocar poderes fantásticos por meio de prática contínua. Os ministros estão pensando que são como Harry Potter. Profecia não é bruxaria, mas uma mensagem de Deus.

A palavra profético vem de profecia, e profecia é uma mensagem. O profeta é quem entrega essa mensagem, ou aquele que ferve com uma mensagem. O ciclo profético pode ter várias tônicas, mas uma sempre será dominante de acordo com o modo de vida das pessoas em que a adoração ocorre. Veja os exemplos a seguir:

- Se forem pessoas amorosas, o aspecto predominante será o ciclo da comunhão, uma igreja-família.
- Se forem altruístas, eles externarão uma preferência por missões ou ação ao próximo.
- Uma igreja adoradora buscará ter experiências espirituais coletiva e pessoalmente.
- Se o grupo tem como modo de vida a singularidade em ser reservado, buscará manter uma posição conservadora e classicista.

o Se forem pessoas humildes, darão preferência ao ciclo profético com ênfase em suprir as necessidades comuns da vida.

o Um grupo de novos convertidos buscará o ciclo profético do primeiro amor, da revelação e da descoberta.

o Há outros ciclos proféticos, ciclo de mensagem de Deus para Seu povo, como de arrependimento de pecados praticados, conversão de vidas, despertamento espiritual, alegria etc.

Sempre haverá um ciclo profético que corresponde às características de cada povo e para cada período. O Senhor sempre aquece a vida de cada um assim.

AMBIENTES PROFÉTICOS

1. Danças

Na Bíblia, a dança era usada em festas sociais e em louvor a Deus para expressar a alegria. O povo se manifestava com danças. Não se pode condenar, porque é preciso avaliar primeiro qual é o conceito atual de dança, e se sua opinião é baseada no preconceito já plantado pelos antepassados. Muitos têm a ideia do modelo de dança sensual que expressa devassidão, depravação, sedução e imoralidade, mas há modelos bíblicos para isso: "Chegando ele ao arraial e vendo o bezerro e as danças [...] Vendo Moisés que o povo estava desenfreado" (Êx 32.19a,25b).

O povo estava enfeitiçado e desenfreado pela adoração ao bezerro de ouro, devassidão promovida pelo espírito de depravação em meio a danças e rituais de intensa atividade de imoralidade. Nesse caso, a dança é instrumento de Satanás, mas essa ideia não é genérica.

> *Davi dançava com todas as suas forças diante do Senhor [...] com júbilo ao som de trombetas.* (2Sm 6:14a,15b)

Davi, feliz da vida com a presença de Deus, dançava com todas as suas forças, e com certeza essa dança não se parece em nada com a anterior. Aqui havia o selo da presença do Deus eterno. A alegria pela salvação, pelo sangue de Jesus que purifica de todo o pecado e pelo livramento e sustento em todos os dias são alguns dos motivos que dão o combustível suficiente para se dançar diante do Pai com todas as forças. E que os opositores a isso tenham na memória o exemplo de Mical, já visto em outro capítulo.

A condenação das danças nos cultos pode acontecer por motivos culturais ou por um conceito errôneo e preconceituoso, ou, mais uma vez, por imposição do gosto pessoal, o que não deve ser o motivo de proibir quem dança.

2. Palmas

Você já aplaudiu um artista no teatro, ou um músico quando terminou uma apresentação que lhe tirou o fôlego? Eu já. Não dá para entender o conceito de que Deus é desrespeitado quando o povo O aplaude. Fazemos isso quando queremos reconhecer os atos poderosos do Senhor, por vidas transformadas, casamentos reestruturados, enfermos que são curados pelo nome de Jesus e muitos outros motivos.

> *Todos os que passam pelo caminho batem palmas, assobiam e maneiam a cabeça sobre a filha de Jerusalém, dizendo: É esta a cidade que era chamada a perfeição da formosura o gozo da terra?* (Lm 2:15)

Os inimigos de Deus zombam quando dizem que Ele não é poderoso, que não faz maravilhas, não é a alegria da terra e não é formoso. Os inimigos batem palmas numa atitude de desprezo e confronto. Como é possível concordar com essas mentiras? Não! Nossa luta não é contra carne e sangue, mas contra os inimigos espirituais das trevas, e não é por força nem por violência, mas pelo Espírito de Deus. "Aplaudi com as mãos, todos os povos; cantai a Deus com voz de triunfo" (Sl 47:1).

Aqueles que afrontam e escarnecem o Reino aplaudem em atitude de desprezo, e nós não podemos aplaudir o nosso Deus porque Ele é grande e tremendo? Nossa missão é a de atender ao convite do salmista, que dá uma ordem para os adoradores (todos sem exceção): aplaudir a Deus, com voz de triunfo. Isso é a vitória final que o povo de Deus conquistou. Os inimigos fazem a sua manifestação ameaçadora, mas o Senhor já conquistou a vitória.

Essa convocação tem certo aspecto de grito de guerra para a vitória que já foi conquistada, e, como demonstra o versículo 3 do salmo 47, Deus submeteu as nações que zombam e desafiam Sua soberania, e as colocou debaixo dos nossos pés. Aplaudir ao nosso Rei é uma atitude que demonstra o que está no versículo 8 do salmo 47: Deus está no trono, Ele domina e Seu reinado é absoluto.

Aplaudir com as mãos é confirmar a ação libertadora e sobrenatural de Deus sobre inimigos, problemas, enfermidades, cadeias, finanças etc. Quando você bate palmas em louvor a Deus, está entronizando o Senhor na sua vida. É como se dissesse: Deus é Rei, Ele reina soberanamente. Só Ele pode fazer essas maravilhas, e eu O reconheço também com aplausos, pois Ele é maravilhoso. Só o Pai pode executar os juízos sobre os meus inimigos.

Bater palmas acompanhando o ritmo da música também não pode ser condenado, pois não existe base bíblica para dizer que isso não deve ser feito. Quanto à questão que outros levantam, que palmas seriam ramos de árvores, então é bom você providenciar os ramos. Essa manifestação será interessante, isto é, somente para os contrários ao texto lido.

3. Júbilo

O júbilo é um momento de muita alegria, é algo explosivo, e é, no entendimento popular – o que os eruditos não entendem –, fazer muito barulho quando se está contente.

> *Mas o Senhor está no seu santo templo; cale-se diante dele toda a terra.* (Hc 2:20)

Quantos já disseram que é preciso estar imóvel e absolutamente quieto diante de Deus nos cultos, calados em profundo estado de reverência, porque Deus deseja que se esteja quieto? Tudo porque esse versículo e outros falam sobre a reverência diante do Pai. Realmente, isso já é demais. Esse versículo é o desfecho de um contexto que fala sobre a idolatria, e que os ídolos não são superiores a Deus, por isso todos devem se calar, pois o Senhor está reinando!

Outros textos são usados muitas vezes para podar as manifestações de alegria um pouco mais barulhentas, do ponto de vista dos sensíveis a ruídos. É óbvio que Deus quer ordem e decência, mas não se deve usar a Bíblia para impor uma cultura de comportamento; o Senhor não está interessado nisso. O ambiente da reunião fica pesado porque não há espaço para o júbilo. Alguns se perguntam: será que isso é um culto de celebração a um Deus vivo ou morto?

Se o seu Deus está morto, então faça reuniões fúnebres, com gente chorando, levando coroas de flores e cantando cânticos tristes e melancólicos. Se o seu Deus está vivo e ressurreto dentre os mortos, porém, então as reuniões devem ter muito júbilo, com o povo gritando de alegria, dançando e saltando.

Automaticamente, todos estarão com o rosto brilhando e com vestes de louvor. Já os cânticos serão inspirados pelo Espírito de vida do Senhor, expressando que o Reino de Deus é eterno, e o Senhor vai passear no meio dos louvores. E se o seu Deus lhe disse que essa ressurreição é para você também, e se crer Nele, você e sua família nunca mais morrerão. Então, sinta explodir no coração o desejo de louvar e de falar bem alto: És Santo! E declare: Jesus, eu Te amo!

Irreverência é falar no momento errado ou se portar de maneira inconveniente. Ora, se todos estão alegres diante de Deus, o que se deve fazer então?

> *Cantem de júbilo e se alegrem os que têm prazer na minha retidão.* (Sl 35:27)

Está respondida a pergunta? Se tem prazer na restauração que Deus fez em você por meio da salvação em Cristo Jesus, se ama de fato a retidão do Senhor seu Deus, então se alegre e cante com júbilo. Na versão do inglês King James, alegria é um termo traduzido por *joyful noise*: alegria ruidosa. Portanto, você está autorizado pelo próprio Deus a celebrar a sua salvação com um barulho Santo, uma santa folia.

4. Prostrado

A prostração é uma prática pouco enfatizada, mas importante para os dias de hoje (do hebraico, *shâchâ*[7]: "prostrar-se, rogar humildemente, tomar posição de escravo"). Certo dia, um homem muito famoso e importante, do ponto de vista humano, visitou minha igreja. Eu sentia que entre mim e ele havia algumas barreiras, pois eu o julgava erroneamente. A Palavra de Deus, porém, falou muito comigo, e no final da mensagem, em um momento de tremenda visitação do Espírito Santo e no meio da oração, ele disse: "Eu me prostro diante do meu Deus!".

Após falar isso, ele deitou-se no chão cheio de poeira, com o rosto virado para baixo. Ninguém talvez tenha percebido, mas Deus falou muito naquele momento. Não pelo fato de o chão estar sujo, mas o gesto de prostrar-se me chamou a atenção. Para mim, aquilo foi uma lição e quebraram-se todas as barreiras que eu tinha com aquele homem de Deus.

---

7 SHEDD, Russell P. *Adoração Bíblica*. São Paulo: Vida Nova, 1998. p. 115.

> Os vinte e quatro anciãos prostravam-se diante do que estava assentado no trono, e adoravam ao que vive para todo o sempre, e lançavam as suas coroas diante do trono, dizendo: Tu és digno, Senhor e Deus nosso, de receber a glória, a honra e o poder, porque todas as coisas tu criaste, sim, por causa da tua vontade vieram a existir e foram criadas. (Ap 4:10-11)

Prostrar-se é uma atitude de demonstração externa (daquilo que está no interior de cada um) de quebrantamento e reconhecimento. Quebrantamento, porque se está diante de um Deus absolutamente Santo – quando se veem limitações, imperfeições e a necessidade da Sua misericórdia e de graça. Reconhecimento pelo que se é tem a sua fonte Nele, então nossa atitude não pode ser outra. Só nos resta estar prostrados, lançar coroas diante do Senhor e dizer: "Digno és, Senhor nosso e Deus nosso, de receber a glória, e a honra e o poder" (Ap 4:11).

Glória: porque ela pertence somente ao Senhor.

E a honra: pelos atos de justiça e retidão para com os homens.

E o poder: este damos a Deus quando abrimos nossa vida para Ele trabalhar e efetuar o Seu querer em nós.

5. Contemplação

Somente aqueles que têm uma vida de retidão e santificação podem entrar na presença do Senhor e contemplar a Sua glória, mas não quero me aprofundar aqui nesse assunto, que é muitíssimo rico em detalhes. Quero ser objetivo sobre o aspecto da contemplação quando da adoração congregacional ou ao se estar a sós com o Senhor.

Depois da adoração, existe um momento especial em que é preciso dar mais tempo, mais atenção, sem pressa de terminar, sem preocupação com o horário. Esquecer-se da limitação do período que foi reservado para o louvor, e dedicar um tempo bem maior para olhar o Senhor, Sua santidade, Sua beleza, Seu esplendor, Sua majestade, sentir Seu amor. Pode ser em silêncio ou com um instrumento tocando suavemente, ou mesmo enquanto alguém está ministrando um cântico novo, que geralmente coopera para que seja criado um ambiente propício para se contemplar a Deus.

Depois da contemplação, geralmente vem a adoração, em que a igreja é quebrantada pela presença mais forte da visitação do Espírito Santo. Na contemplação, pode haver respostas às perguntas que podemos encontrar no salmo 73. Você vê a grandeza de Deus e o seu amor (ver Sl 138:6) e obtém uma revelação do plano eterno Dele (ver Sl 8). "Olhai para ele, e sede iluminados; os vossos olhos não ficarão confundidos" (Sl 34:5).

Certo dia, quando eu estava tendo um momento íntimo com meu Deus, uma visitação sobrenatural do Seu Espírito aconteceu. "Contemplando" o Senhor, percebi algumas verdades com relação à adoração.

Esses momentos preciosos são necessários para que você possa ouvir o Pai. Na presença de Deus, não são as palavras que expressam a verdade, mas as vidas podem expressar a verdade de um viver santo, quando se está diante Dele. O Senhor não está preocupado com palavras.

Ele olha para as vidas, aí então vê se há ou não verdade naquilo que se fala ou no que se quer buscar e achar. Neste momento, Ele olha o nosso ser. Agora sim é preciso ficar em silêncio e deixar que a nossa vida fale.

6. Mãos levantadas

É uma experiência extraordinária para os levitas quando estes vêm à igreja adorando a Deus com as mãos levantadas e cantando, expressando o seu amor ao Senhor. É uma experiência muito maior para a congregação ou para aquele que levanta as mãos livres para adorar a Deus.

Em uma reunião, eu estava dirigindo a congregação na presença de Deus, e antes de um cântico de adoração pedi à igreja que ficasse sentada, porque seria uma apresentação de um cântico em que somente os levitas cantariam. A igreja seria edificada sem sua participação ativa. Começamos a cantar o cântico e o Senhor começou a agir. Percebi no meu espírito que o povo deveria ficar em pé para adorar ao Senhor, mas eu não havia dito isso. Quando o refrão do cântico deveria ser cantado, toda a igreja se pôs em pé repentinamente, como se os bancos recebessem uma descarga elétrica, todos com as mãos levantadas, tocando as vestes reais daquele que está no trono. Com certeza, eles tocaram as vestes e o trono de Deus.

Eu fiquei deslumbrado com aquela visão: adoradores unidos em adoração com as mãos levantadas, cantando alto, muito alto. A atmosfera estava inundada da glória e da presença de Deus. Foi então que me lembrei do salmo 134: "Bendizei ao Senhor vós servos do Senhor que assistis de noite na casa do Senhor. Erguei as mãos no santuário e bendizei ao Senhor" (v. 1-2).

Quando se levanta as mãos para adorar a Deus, declara-se que se está livre para fazê-lo. Quando levantamos as mãos ao Senhor, manifesta-se com esse ato o seguinte: "Vem, Senhor, eu quero a tua presença sobre mim, eu desejo muito a tua presença, eu anseio por Ti" (Sl 141:6).

E Deus vem de fato, e passa o Seu manto de glória sobre todos, alegrando-se porque mãos santas estão levantadas (1Tm 2:8). E não somente na adoração deve-se levantar as mãos, mas também para pedir socorro ao Pai, na angústia, na tribulação. Levante as mãos ao Senhor e peça socorro, e Ele virá num querubim para levar você nas mãos (ver Sl 18:10)!

> No dia da angústia procuro ao Senhor; ergam-se nhas mãos durante a noite e não se cansam. (S
> Veja também Salmos 28:2

De fato, é uma experiência maravilhos[...]
mãos ao Senhor, para orar e interceder pel[...]
para adorar Seu nome, para suplicar a [...]
Então, faça isso agora. Se você acha qu[...]
é desrespeitar e ferir a Palavra de De[...]
guém de fazê-lo, peça perdão ao S[...]
suas mãos santas e livres para s[...]
ção à Sua vontade.

O ciclo profético pode s[...]
dades espirituais, revelaçã[...]
também um ciclo didátic[...]
vo. Eu já presenciei um [...]

pela presença de Deus ou choravam de alegria. Pode-se sentir a direção para "confissão de pecados"; pode haver o "ciclo profético de visão aberta". As pessoas têm visão do mundo espiritual, e também do céu. Eu tive a honra e o temor de passar pelo ciclo profético de visão aberta e ver cenas celestiais.

ESPÍRITOS MENTIROSOS

Não posso deixar de dar um alerta aqui. Dentro das igrejas há muitas manifestações, chamadas manifestações do Espírito Santo, que podem estar sob influência de demônios ou pelo estado emocional de alguém, e nada de Deus há ali. São os espíritos mentirosos. Os crentes maduros devem exortar aqueles que mentem na ministração dizendo que estão tendo visões e impedir que assumam [o] altar. Se alguém não tem mansidão para ser questionado [n]as suas manifestações proféticas exageradas ou du[vidosas], não tem condições para ministrar a igreja. Use [o discern]imento que líderes maduros adquiriram com a [experiência] de vida e o tempo de ministério.

[Alguém po]de se perguntar agora: "Como saber se é um [espírito menti]roso?". Primeiro, pelo discernimento espiritual dado [a você] por meio do verdadeiro Espírito Santo. Você deve ser [atento a]o que está sendo profetizado. Uma profecia pode le[var a] sentir assombro, receio, medo; é possível que fique p[erplexo], ouça e veja coisas estranhas, mas não pode faltar a [paz]. "[...] seja a paz de Cristo o árbitro em vosso coração, à qual [também] fostes chamados em um só corpo; e sede agradecid[os tam]bém" (Cl 3:15).

Aqueles que tiveram contato com o sobrenatural sentiram tudo o que falei aqui, mas o coração ficou em paz, ou seja, por mais incrível ou incompreensível que fosse a visão, eles sabiam que aquela profecia ou manifestação vinha da parte de Deus.

Além disso, não deve haver contradições com a Bíblia. Geralmente, o espírito mentiroso é desmascarado tentando imitar o fruto do Espírito. Aí o diabo é pego na mentira. Ele não pode dar o verdadeiro fruto. Satanás pode tentar imitar, mas a imitação comparada à Justiça é revelada à sua verdadeira origem – as trevas.

CRIATIVIDADE DIVINA

As pessoas têm a tendência de recusar a adoração criativa racional com medo de ofender a Deus. A característica criativa do Senhor foi colocada no homem quando este foi criado. A sua razão deve ser posta para louvor da glória do Senhor, como também a criatividade e a transcendência. Use a criatividade que o Espírito Santo deu a você para adorar, sinta-se livre para isso. Comece como Ele o orientar, mesmo que seja esquisito, excêntrico, exótico, extravagante, avançado ou incompreensível; se não ferir as duas regras das quais falei no começo, deixe fluir. Às vezes, a adoração deve ser compreendida pelos outros para que seja um testemunho numa linguagem inteligível, mas tem de seguir o conceito para línguas estranhas, e somente Deus vai entender.

É possível ouvir centenas de pessoas falando contra ou favor do modo como adorar, contudo até o que eu disse aqui pode ser rejeitado pelo seu filtro. Apesar disso, há um consenso entre nós, o de que há dois requisitos inegociáveis para se adorar a Deus: em espírito e em verdade.

> *Mas vem a hora e já chegou, em que os verdadeiros adoradores adorarão o Pai em espírito e em verdade; porque são estes que o Pai procura para seus adoradores. Deus é espírito; e importa que os seus adoradores o adorem em espírito e em verdade. (Jo 4:23-24)*

CONHECIMENTO DA PALAVRA

RECONHECER a presença de Deus é tarefa difícil. As pessoas atribuem a presença do Pai somente a um ambiente harmônico e de paz. Engano. O Senhor é o General, e, se Ele é chamado assim, Senhor dos exércitos, é porque existe uma guerra até a consumação dos séculos. De um lado está nosso inimigo, Satanás, e do nosso lado, o Senhor dos senhores. Conhecer a Bíblia é muito mais do que saber sobre as histórias e os personagens. Conhecer a Bíblia é interagir com ela, pois é a Palavra de Deus.

Relacionar-se com Deus é manusear a Sua Palavra em busca de intimidade com o que Ele deixou escrito para mim e para você. Por isso, a busca por experiências novas com o Pai não será tão reveladora como interagir com Sua Palavra. Jamais Deus se relacionará com o homem mais do que Ele se revelou na Bíblia. Muitas pessoas mentem dizendo ter visto ou ouvido coisas e seres espirituais afirmando terem um contato com algo sobrenatural. Deus se revelou em Jesus e a Palavra de Deus é o ponto de partida. Ele não se revelará além do que está escrito, pois o perigo da substituição, da idolatria, da heresia é muito atraente para o ser humano. Dê preferência ao que está escrito em Sua Palavra.

Isso não significa que não haverá revelações inéditas. Sim, haverá, mas somente quando o homem estiver submisso ao que está escrito. Se você quer crescer com Deus, desejar experiências as quais incluírem revelações e visões, então conheça satisfatoriamente a Bíblia.

Este livro não tem tudo o que você precisa saber para organizar um ministério de louvor. Procurei deixar o início de cada parte importante. No caso do conhecimento bíblico, o grupo precisa ter mais do que apenas momentos de devocional quando se reunir para ensaio ou classe de levitas.

O ministro não tem de conhecer mais da Bíblia do que todos do ministério. Eu sei de pessoas que conhecem muito da Bíblia, mas esse conhecimento não gerou vida. É necessário deixar que a sabedoria da Palavra modifique o interior, isto é, a maneira de pensar. Alguns indivíduos que conheço são profundos conhecedores da Bíblia, mas extremamente orgulhosos por terem adquirido tanto conhecimento que nosso relacionamento se tornou superficial.

A forma correta é que todos conheçam a Bíblia, proporcionando mudanças positivas. Um curso de panorama bíblico é o melhor modo de trazer conhecimento para todos os envolvidos. É esperado que, naturalmente, o líder saiba mais do que todos, mas isso não significa que os outros componentes estão isentos de conhecer ou que seja facultativo entender da Palavra. Quem não quer conhecer mais de Deus por meio da Bíblia é um candidato a um curto tempo no ministério.

O curso de panorama bíblico poderá ser facilmente organizado recorrendo a um seminário. Procure um professor de Teologia dinâmico, senão os levitas vão detestar. Há professores que são muito cansativos e maçantes, tornam um livro incrível em algo chato e monótono. Uma aula semanal de duas horas é suficiente, e em um ano é possível aprender muito. Além disso, organize uma agenda de leitura da Bíblia nesse período. Depois de concluído, entre em outros desafios; não permita que fiquem apenas se alimentando das devocionais feitas antes dos ensaios.

O ministério de louvor deve saber exatamente o seu papel para não deixar sua função primordial. Em primeiro lugar, é glorificar a Deus. O ministério pode até promover *jam session*, desde que isso não seja a sua prioridade.

1. Amar as coisas certas

Você não deve amar as pessoas mais do que a Deus, mas o seu amor às pessoas demonstrará o seu amor pelo Senhor. A escala de valores deve ser reavaliada. Coisas, pessoas, posição e sonhos não podem estar acima do Pai. Você não pode amar a adoração mais do que a Deus.

2. Odiar o pecado

Não basta amar a Deus. Você deve odiar o pecado. Isso é ser extremo e radical, e é o que Deus espera que você faça e seja.

3. Trabalhar em equipe

É fácil trabalhar sozinho, porém se relacionar é tarefa difícil. É necessária a renúncia. O hábito de compartilhar deve ser aprendido e cultivado.

4. Obedecer à liderança

Um grama de obediência é melhor do que uma tonelada de oração. Um grama de obediência vale mais do que mil toneladas de canções gravadas.

5. Promover a edificação do corpo

A razão da existência do ministério de louvor é glorificar a Deus, e isso pode ocorrer por meio da edificação do Corpo de Cristo.

6. Equipar os membros da equipe

Não se fechem apenas no que já sabem fazer, mas expandam as possibilidades.

7. Desenvolver todo o potencial

A cada ano, deve haver resultados positivos e crescimento, além de somente tocar nos cultos.

8. Ensinar novos componentes

Um corpo sadio gera filhos.

9. Preparado para abalos sísmicos

Toda igreja passará por mudanças provocadas não exatamente por vontade dos membros; de vez em quando, há rupturas. Um membro doente quebra a comunhão ou um pecado traz vergonha e tristeza para o grupo. A maturidade é a qualidade que o líder deve ter para lidar com esses casos.

10. Promover um ambiente confiável

Eu fiz uma pesquisa anotando o motivo de músicos que conheço terem saído da igreja. Em todos os meus discipulados, sempre falo que o pecado da própria pessoa a tira da presença de Deus, e não o pecado de outro indivíduo ou grupo. Contudo, alguns fatores são gerados dentro do ministério. A fofoca, a maledicência, a exposição, os comentários feitos, as famigeradas "diretinhas" e outros hábitos de falta de caráter são obstáculos à reconciliação.

Todos devem sentir que os limites do ambiente ministerial são seguros e confiáveis. Mesmo que se diga que são uma família, há coisas desnecessárias para o líder levar ao conhecimento de todo o grupo, nem a título de oração. Isso, porém, não significa esconder, mas saber quando a confiança deve ser preservada. "Se teu irmão pecar contra ti, vai argui-lo entre ti e ele só. Se ele te ouvir, ganhaste a teu irmão" (Mt 18:15).

As relações humanas precisam de cuidado e atenção, e cada um num ministério tem uma série de diferenças com os outros membros da equipe. No entanto, se cada um souber o seu papel, esse grupo conseguirá grandes realizações. O conhecimento da Palavra é um tesouro que deve ser escolhido acima até da técnica musical. No entanto, isso não é desculpa para deixar de serem conhecedores da técnica, da execução e da música como um todo. Mais do que conhecer a música, praticar a música; mais do que conhecer a Palavra, praticar a Palavra.

11. Apeguem-se à Palavra

Este tópico serve para fechar este capítulo, que aponta para o valor do conhecimento da Palavra. Um grupo que não sabe o que fala ou que crê no que ouve não realizará obra duradoura. No livro de Atos 18:11, Lucas fala de uma igreja que se apegava às Escrituras. O cristianismo foi implantado em Bereia na segunda viagem missionária de Paulo. Paulo e Silas saíram secretamente de Tessalônica a fim de escaparem da perseguição. Os bereanos receberam os missionários e suas pregações com avidez; eles liam, ouviam e guardavam a Palavra. Os bereanos examinavam as Escrituras para confirmar se o que estava sendo ensinado era verdade. "Ora, estes de Bereia eram mais nobres que os de Tessalônica; pois receberam a palavra com toda a avidez, examinando as Escrituras todos os dias para ver se as coisas eram, de fato, assim" (At 18:11). Eram chamados de nobres. Os que capturam para si a Palavra são nobres para Deus.

Se um levita não valoriza a Palavra, não está interessado Nele, mas preocupado apenas com a adoração, e a adoração em si não é absolutamente nada. Aquele que não está interessado na Palavra está comprometido com outras coisas, as quais, na realidade, são deuses estranhos e ídolos que ocupam o lugar de Deus. Esse levita oferecerá fogo estranho no altar.

RELACIONAMENTOS

IMAGINE por um momento um ministério que não tenha reincidência das pessoas problemáticas nem a cobrança daqueles que são os responsáveis, o confronto dos perfeccionistas ou a ausência de gente inconstante. Um lugar que não possua desobediência, "narizes arrebitados", pessoas enigmáticas e misteriosas que apresentem resistência às mudanças, sem manias, sem birras, um ministério em que não haja falta de recursos. Esse ministério não existe, e nunca existirá! Dentro desse "caldeirão" é que serão revelados, abandonados ou desenvolvidos os defeitos e as qualidades. Você já ouviu da boca de muitos pastores que o pulmão da igreja é o louvor, mas o que sustenta a igreja é a oração, e a razão de a igreja existir são as missões. Portanto, fomos criados para louvor da glória de Deus, mas se não houver assistência social, a igreja não será sal; e sem ensino é apenas um amontoado de pessoas ignorantes.

Vemos assim uma disputa para provar qual ministério realmente é o mais importante. No entanto, isso é coisa de gente imatura, mesmo que já tenha anos de Evangelho, independentemente do sucesso ou não da carreira ministerial. Tudo dentro da igreja é importante: louvor, oração, ensino, assistência, missões etc. Cada indivíduo tenta impor a importância da sua função no corpo, o que é natural, entretanto, quando se trata de caminhar juntos dentro de uma comunidade, buscando um objetivo, nós esbarramos nos efeitos que todo relacionamento promove. Os defeitos, as manias, as qualidades e o jeito de ser de cada um geram resíduos comuns relativos aos contatos relacionais. Todos os envolvidos no ministério de louvor buscam o sucesso de suas atividades, tanto individuais como as do grupo. Como passamos muito tempo juntos, surgem situações com as quais muitas vezes não sabemos lidar. O que sustenta nossa vida no ministério é a forma de nos relacionarmos. Você pode ser uma pessoa de oração, um profeta, pastor, mestre, evangelista, um músico de alta performance, mas tudo pode desmoronar com o tempo se não souber se relacionar.

O seu modo de se relacionar tem de ser como o uso dos acordes em uma música. Cada acorde possui a hora certa de entrar e, além de apoiar a melodia e direcionar a harmonia, também é usado para invocar ou provocar sensações. Por exemplo: o acorde de Dó maior, ou "C", é apenas um acorde, mas, se eu tocar C7M, fico em repouso, me acalmo... Se tocar C9, eu fico em alerta, pois é um acorde brilhante, claro. E, se eu tocar um acorde de C7, fico inquieto, pois me faz ter a sensação de que vou a algum lugar, de que não vou ficar parado nele. Note um Cm e você se sentirá sentimental, melancólico. O Cdim ou C+ são acordes que não se acomodam, refletem complexidade, necessitam de uma conclusão.

Relacionar-se não é uma atitude que gera apenas sentimentos consoantes, mas dissonantes. Ora é irritante, ora agradável; ora brilhante, ora triste; ora melancólico, ora complexo, à espera de uma conclusão. Você precisa respeitar, apreciar e compartilhar junto com os outros participantes do ministério e também será aceito, admirado e estimado.

Imagine agora a seguinte situação: seu ministério se reunirá para ensaiar e algo acende um estopim, fazendo uma bomba explodir. Com certeza você já viu muito isso acontecer em vários níveis dentro de uma igreja. Alguém tem uma atitude imperativa de criticar, e o outro, a atitude de não aceitar essa crítica; por isso, inicia-se uma discussão que causa uma tremenda briga entre todos os elementos da banda. Talvez aquele que fez a crítica não sabe que outro temperamento precisa de mais tempo para analisar a informação que recebeu, ou fica ressentido pelo tom de voz que o outro usou para falar com ele.

Pense agora nos ministros ao seu redor. Quantas pessoas se relacionam assim e não conseguem alinhar suas ideias umas com as outras por causa do temperamento, e não por causa restrita das ideias. Dentro do ministério, existe uma diversidade de personalidades, e não teremos êxito no propósito do ministério de louvor se não soubermos extrair o que cada uma delas tem a oferecer. O modo comum da maioria tratar isso é apenas reclamar e exigir que o outro deixe de ser como é, em vez de canalizar a força do temperamento para progredir. É tão interessante que alguns deles funcionem melhor à noite e outros de dia, ou que uns prefiram criar e outros tenham preferência pela rotina. Alguns se destacam com soluções e planos, enquanto outros optam por colocar em prática o que lhes foi mandado. Veja como isso ocorre dentro dos perfis de temperamento.

O **colérico** é ambicioso e dominador, e tem tendência a reações explosivas, toma decisões rapidamente. Muitas pessoas assim são líderes porque têm grande capacidade de enxergar uma situação e sugerir soluções inteligentes. Se você convive com um colérico, já percebeu que ele quer que façam as coisas do jeito dele e imediatamente.

Como se relacionar com alguém com esse temperamento? A forma correta de você interagir com alguém assim é se conectar com o ritmo dele. Se você precisa de tempo para tomar decisões, procure reagir mais prontamente. Preste atenção no ritmo do colérico e cumpra o que você prometeu realizar para ele.

O **sanguíneo**, por sua vez, é expansivo, influente, otimista, mas irritável e impulsivo. Gosta de conversar e de ser cercado de pessoas. Tem humor e, por isso, é dinâmico, o que o capacita a fazer amigos com facilidade. Se você tem alguém no ministério com esse temperamento, observou que o que ele quer é se divertir.

Como se relacionar com alguém assim? Para tornar-se mais íntimo dele, saiba ouvir suas histórias com atenção e admiração, contemple e aprenda como ele influencia as pessoas.

Já o **fleumático** é sonhador, pacífico, preso aos hábitos. É uma pessoa estável, sensível e paciente. Tende a ser organizado, gentil e simpático, e um bom ouvinte que valoriza seus amigos e família. Também é leal e dedicado, focado nas pessoas. Sempre encontra uma forma mais simples de viver a vida e de fazer as coisas. Se você convive com um fleumático, percebeu como ele prefere fazer as coisas com calma, pois é assim que crê que elas se resolvem.

Como se relacionar com alguém com esse temperamento? Procure valorizar o conteúdo das conversas, permitindo uma fluidez natural. Se você é acelerado, diminua seu ritmo e pronuncie suas palavras com calma e delicadeza, demonstrando interesse no que ele diz. Evite ser exigente e cuidado com confrontos seguidos, pois isso afastará o fleumático de você.

O **melancólico** é uma pessoa criativa e contemplativa, mas nervosa, tendendo ao pessimismo, ao rancor e à solidão. Geralmente dotado de algum talento artístico, é detalhista, analítico e crítico. Trabalhador e dedicado, é orientado por metas. Geralmente é muito inteligente, mas não gosta de estar no centro das atenções. Seu ponto forte é que ele estabelece padrões altos para si mesmo e para os outros.

Como se relacionar com alguém com esse temperamento? No relacionamento com um melancólico, você já notou que ele quer fazer o trabalho detalhado e bem-feito. Desacelere e respeite a necessidade que o melancólico tem para analisar os detalhes. Faça elogios para que ele não seja muito crítico consigo mesmo, pois a sua tendência é a autocrítica, e ela pode levá-lo a se isolar. Ele não gosta muito de espontaneidade, então acate o seu jeito reservado de ser.

Cada indivíduo pode ter um pouco de cada temperamento, mas um se sobressairá aos demais. Lendo isto você notou como seu líder tem um perfil específico que o faz ser enérgico e, algumas vezes, linear? Não é contradição, e sim o toque de Deus, que está nos fazendo únicos. Agora você pode entender melhor como se dão as atitudes dos músicos que compõem o ministério de louvor. A denominada excentricidade própria de alguns músicos é na verdade algo natural, e não diabólica como muitos líderes afirmam. É o "ser" da pessoa, então aprenda a lidar e ensine-o a dominar e tirar proveito para o bem comum.

Use a inteligência das peculiaridades de cada personalidade para crescer igualmente.

VIVA EM CRISTO

SEJA você mesmo em Cristo. Respeite o ritmo do colérico, o pensamento do melancólico, a constância do fleumático e a desinibição do sanguíneo. É uma questão de saber conviver respeitando o outro como manda a Bíblia. "[...] pelo contrário, quem quiser tornar-se grande entre vós, será esse o que vos sirva; e quem quiser ser o primeiro entre vós será vosso servo; tal como o Filho do Homem, que não veio para ser servido" (Mt 20:26-28).

O melancólico teme a crítica, o fleumático receia as mudanças, o sanguíneo tem medo da rejeição social e o colérico, de que as pessoas tirem proveito dele. Seja um instrumento de Deus para acolher, compreender e amar aqueles de seu ministério, pois são a sua família. Use a força da sua personalidade, e não suas fraquezas; seja uma bênção de músico, e não alguém inflexível. Aprenda a usar vasta vantagem que cada um pode oferecer em razão de sua característica.

A Bíblia ordena o perdão, sem o qual não existe relacionamento algum. Nossa memória sempre despeja suas imagens e lembranças com o objetivo de exercer o direito sobre outra pessoa. Contudo, não é assim que Cristo espera que ajamos uns com os outros. Ele nos ensina: "tudo quanto quereis que as pessoas vos façam, assim fazei-o vós também a elas" (Mt 7:12).

Eu acredito que o relacionamento é a parte mais complexa de qualquer ministério. As atividades e os projetos podem se tornar êxito ou fracasso por causa de atitudes irrefletidas ou planejadas. O sucesso em alcançar os objetivos depende da harmonização de cada acorde que os indivíduos de um ministério empregam em sua execução. Cada um toca a sua nota – forte, suave, rápida ou duradoura – e no fim teremos o resultado: alegria ou frustração. Invista tempo, dinheiro e oração para construir relacionamentos bons. Exerça os dons para tornar a convivência um culto contínuo de adoração a Deus, mesmo quando não estejam juntos, em fidelidade de causa e coração. Porém nem tudo é trigo, e até mesmo na seletividade Deus pode cortar alguns joios do meio, isso é bíblico. E a dor da perda, que às vezes é necessária, o Espírito Santo cura, ensinando e fortalecendo o ministério.

É indescritível a experiência do relacionamento, muitos casos se repetem e sempre somos surpreendidos por coisas ruins e boas. Jesus disse que sem Ele nada podemos fazer, então deixe Cristo ser o centro de tudo, principalmente dos relacionamentos.

UMA PALAVRA FINAL

A ORGANIZAÇÃO do ministério de louvor não é difícil. Às vezes, as pessoas dizem que é preciso muito sacrifício, mas a inteligência também é fator importante.

Encontrar dificuldades e barreiras para organizar o ministério é natural. O elemento inteligência poderá ajudar os componentes a tomar as decisões corretas, então use esse atributo que Deus lhe deu e desenvolva a melhor estratégia para coordenar as atividades.

AÇÃO

A oração deve ser também parte obrigatória do currículo de atividades cotidianas do ministério. Aliás, a oração não é tudo. Ela não fará o que os membros do grupo devem executar. A obediência tem maior peso do que a oração. Obediência é ação, e a ação é parte da resposta da oração. Ficar orando horas pedindo unção não trará o mover de Deus se o grupo não praticar a unção que já recebeu. Muitos líderes idolatram a oração, mas ela não substitui a ação.

Pratique a unção da qual já são portadores. O que é preciso é atividade, treino, repetir exaustivamente com o objetivo de aprimorar os dons recebidos.

> *Tendo, porém, diferentes dons segundo a graça que nos foi dada: se profecia, seja segundo a proporção da fé; se ministério, dediquemo-nos ao ministério; ou o que ensina esmere-se no fazê-lo; ou o que exorta faça-o com dedicação; o que contribui, com liberalidade; o que preside, com diligência; quem exerce misericórdia, com alegria.*
> (Rm 12:6-8)

O apóstolo revela claramente que o dom já foi distribuído, então, quando você deseja profetizar, não fique repetindo um mantra dizendo: "Derrama, Senhor, derrama, derrama, derrama, derrama...", até se sentir cheio.

Para profetizar, basta fazer, basta treinar. Para exercer a misericórdia, basta exercitar, até fazer com alegria. Se for o dom do ensino, a pessoa que tem esse dom deve esmerar-se, isto é, tem de haver dedicação, exercício, treino, repetição e prática. Quem exorta deve ter a ousadia para dedicar-se.

O dom mais interessante é o de contribuir segundo o texto de Romanos 12:8 (e alguns acharão ruim). Quem tem esse dom ou acha que o tem deve fazê-lo com liberalidade, por isso orar pedindo para fluir no dom de contribuir é quase inútil. Não é necessário pedir: "Deus, eu quero contribuir. Senhor, eu quero contribuir. Ó glórias, eu desejo contribuir!", mas simplesmente contribuir liberalmente, apenas perguntando com quanto contribuir, quando e onde. Nada mais.

O dom de profetizar mencionado em Romanos 12:6 revela o elemento "proporção": "Tendo, porém, diferentes dons segundo a graça que nos foi dada: se profecia, seja segundo a proporção da fé".

Para profetizar é necessário o fator de proporcionalidade em relação à fé. Quem tem o dom de ministrar deve, segundo o ensino do apóstolo, dedicar-se. Isso é ação. Não é preciso orar num ritual robótico sem fim. Isso é, na realidade, superstição de que virão os espíritos de profecia, ministério, ensino, exortação, de contribuir, presidir e misericórdia. Esse pensamento é apenas crendice. Os outros dons são ligados ao mesmo entendimento de prática do dom de contribuir. Lembre-se: segundo a medida de fé, proporcional à fé.

Ore sobre o que você deve profetizar, e não para profetizar. O Espírito Santo deve habitar de tal forma que a influência que Ele exerce sobre as suas vontades e sobre a sua vida não precise ser manivelada, nem precise de empurrãozinho. No AT, o Espírito Santo vinha sobre o profeta e este profetizava; depois, Ele se recolhia ao céu. Hoje o Espírito Santo habita em nós, em residência definitiva.

O ministério que age desenvolve mais do que aquele que fica orando, orando e orando.

> Disse o SENHOR a Moisés: "Por que clamas a mim? Dize aos filhos de Israel que marchem". (Êx 14:15)

ORAÇÃO

Você já deve ter ouvido dezenas ou até centenas de mensagens sobre oração. A chave da oração, a chave da resposta e as regras da oração; aprenda a orar e terá incansáveis teorias. Muitas dessas mensagens ou estudos são de pessoas que tiveram alguma experiência com oração. Entre todas as lições sobre oração, você pode selecionar o que eu considero o resumo de tudo. A forma correta de orar é fazê-lo até receber. Deus pode responder "não", "espere" ou "sim", mas todas essas respostas podem ser mudadas.

Ezequias, o rei, recebeu a notícia de que ia morrer em pouco tempo. "Naqueles dias, Ezequias adoeceu de uma enfermidade mortal; veio ter com ele o profeta Isaías, filho de Amoz, e lhe disse: Assim diz o SENHOR: Põe em ordem a tua casa, porque morrerás e não viverás" (2Re 20:1).

No entanto, Deus mudou de ideia ao ver Ezequias orar e chorar:

> *Volta e dize a Ezequias, príncipe do meu povo: Assim diz o SENHOR, o Deus de Davi, teu pai: Ouvi a tua oração e vi as tuas lágrimas; eis que eu te curarei; ao terceiro dia, subirás à Casa do SENHOR. Acrescentarei aos teus dias quinze anos e das mãos do rei da Assíria te livrarei, a ti e a esta cidade; e defenderei esta cidade por amor de mim e por amor de Davi, meu servo.* (2Re 20:5-6)

E o curso da história foi modificado. Deus mandou dizer que havia mudado de ideia e que daria mais alguns anos de vida para ele.

O Senhor também pode mudar de ideia sobre uma resposta positiva a uma oração sua se você viver em pecado. A oração pode mudar tudo. Deus muda de ideia quando se ora. Então não fique perdido no ministério sem direção. Ore, mas ore até receber.

Se o Pai disser "não" a uma oração, significa que qualquer atividade que envolva aquele assunto será desastrosa.

O "não" de Deus hoje pode virar um "sim" amanhã: não depende da repetição, mas do seu coração. O "sim" de hoje também pode se transformar em um "não" amanhã, por isso, não venda o seu coração. Do mesmo modo, o "espere de Deus" pode vir a ser um "sim", "não" ou "espere mais um pouco". Com isso, eu aprendo que devo orar até receber.

Nada substitui a oração; sem oração não há direção. Antes de tudo que for fazer, ore. Nesse momento de diálogo com Deus, é propiciado um tempo de também ouvir o que Ele tem a dizer. A oração é um canal de comunicação. Não fique falando, falando e falando a mesma coisa, repetindo como um *loop* para Deus fazer algo.

BUROCRACIA

Toda ordem precisa se estruturar sobre as colunas da burocracia, que é o esqueleto dirigido pelas regras e por procedimentos explícitos e regularizados, divisão de responsabilidades e especialização do trabalho, hierarquia e relações impessoais e pessoais.

Use papéis, mídias e tudo o que for necessário para visibilizar o que se relaciona com o ministério de louvor. A organização do ministério tem estrita ligação com a obediência a um planejamento com metas, alvos e projetos. Organize tudo o que puder, isso o ajudará a manter uma direção e uma velocidade.

Não comece algo sem terminar outro. Faça uma coisa de cada vez; se o seu projeto comportar ramificações, tudo bem, mas não tente abraçar o mundo de uma vez só. Todo projeto pode ter um fim. Então, planeje o começo, o meio e o fim de um projeto. O fim é uma opção a se considerar. A burocracia ajuda a dar um ponto final em projetos que precisam ser encerrados, a corrigir caminhos e reavaliar conceitos.

Cuidado para não se prender à burocracia, pois, no geral, ela contribui para manter fixos a visão e os propósitos para todo o grupo e para a igreja. Existem coisas negativas na burocracia; se houver sensibilidade para trabalhar com os detalhes, a produtividade do ministério será muito maior do que os ministérios que são totalmente antiburocráticos.

O PROFESSOR

Adoração e louvor não são objetos de propriedade de nenhum grupo, mas são livres. Ninguém pode retê-lo ou dizer ter autoria. Não se prenda ao tempo, ou ao espaço ou conceitos que em vão tentam fixar em livros ou na mente de pessoas eruditas ou não. O tema não fica estagnado por força, poder religioso ou experiência de um artista, pastor ou qualquer um. A adoração e o louvor pertencem a Deus.

O Espírito Santo é o melhor professor. Jesus ensinou adoração como ninguém. Sua vida foi de total entrega à vontade de Deus. Jesus foi e é perfeito. Todos os outros personagens bíblicos falharam na adoração, mas o Filho de Deus foi exato. Ele é o nosso modelo e o ensinará como fazer do melhor modo.

Este livro poderá ajudá-lo a organizar o ofício, o serviço, a missão ou o ministério de música, louvor e adoração da igreja, mas não poderá ensiná-lo a adorar.

> *Mas sobre vocês Cristo tem derramado o seu Espírito. Enquanto o seu Espírito estiver em vocês, não é preciso que ninguém os ensine. Pois o Espírito ensina a respeito de tudo, e os seus ensinamentos não são falsos, mas verdadeiros. Portanto, obedeçam aos ensinamentos do Espírito e continuem unidos com Cristo.* (1Jo 2:27 – NTLH)

Em tudo, dependa do Espírito Santo, pois Ele pode nos dar a direção certa a seguir. Sempre que fazemos algo sem consultar a Deus, corremos o risco de pisar em terreno perigoso. É nossa tendência fazer as coisas por impulso, mesmo que seja com boa intenção, isso pode nos levar a lugares de muita dor. O Espírito Santo possui a sabedoria de que precisamos, na medida certa e em verdade. Meu desejo é que Deus abençoe e prospere o seu ministério, mas para isso realmente acontecer você precisa dar condições. Então eu digo: permita a Deus abençoar sua vida por completo!

PARTE IV

DEVOCIONAIS

BUSCANDO JUNTOS

A PESSOA LIGADA ao ministério de louvor deve ser influenciadora, ou seja. sua vida devocional precisa provocar em outras pessoas o desejo de reproduzir esse hábito de adoração. E como desenvolver o hábito devocional se o nosso tempo é cada vez mais preenchido com tarefas sem pausa? Desejamos ter conhecimento de Deus sem esforço, principalmente sem leitura e reflexão. É impossível crescer sem investir tempo lendo a Bíblia, orando, adorando e refletindo. Nossa primeira ação deve ser retirar algo da agenda se ela já está completa. Se não for assim, quando tivermos de espremer as atividades do dia para encaixar uma nova reunião, a primeira atitude que vamos ter será cortar o tempo com Deus. Por isso, retire algo da agenda que toma seu tempo com o Senhor. Se não consegue, peça a um conselheiro que o ajude; com certeza, você vai se surpreender com o quanto tem colocado o Pai de lado.

    A devocional tem sido negligenciada por nossos ministérios de louvor, e não surpreende a vida ser cheia de ansiedade, sofrimento e derrota decorrentes da não valorização e prática desse culto pessoal ou coletivo. O período devocional é escolhido para termos um tempo significativo em comunhão com Deus crescendo em intimidade e descobertas a cada encontro. Não temos que ter regras para isso, a única premissa é em espírito e em verdade. Não crescemos com Deus fazendo algo sem amor e por obrigação. Não tem de ser um momento tedioso e insípido. Só será assim se não amamos a Deus como cantamos tanto em nossas canções. Se amamos de verdade ao Senhor, vamos suspirar por esse momento. Você ama a Deus?

Você pode fazer de várias maneiras, mas é bom ter um padrão. Leitura, meditação, oração e aplicação pessoal. Não adianta nada ler, meditar e orar se não praticar. A seguir, há alguns exemplos de devocionais que podem inspirá-lo a vivenciar momentos transformadores com Deus. Analise estas dicas e pratique-as por um tempo; logo elas se tornarão um hábito inadiável.

1) COMECE NO SEU RITMO

Não adianta querer ler cinco capítulos se você mal lê um versículo por dia. Se só lê um versículo, comece por ele.

2) QUANTO TEMPO E QUANDO?

As distrações fazem você perder o foco do que pode ser aprendido durante a devocional. Por causa da preocupação com tarefas cotidianas que precisam ser realizadas, esse tempo pode se tornar improdutivo. Não será edificante se você passar 20 minutos lendo algo a que não está prestando atenção e orando sem um raciocínio lógico.

Comece, então, com 10 minutos. É muito? Comece com 5 minutos. Depois, deixe fluir, pois o próprio Espírito Santo promoverá a sede de Deus em você, e esse tempo se multiplicará para 15, 20 e até 30 minutos incríveis com muita intimidade, ou até mais.

Faça todo dia! Pode ser de manhã no café, ou no almoço, no transporte ou à noite. Escolha o melhor horário e mantenha um padrão. Não deixe para pôr a vida devocional em dia na oração, antes do ensaio ou na classe do ministério de louvor. Tenha uma devocional pessoal, para você crescer com Deus.

3) O QUE LER?

A Bíblia. Que tal o livro de Salmos, ou Provérbios, ou Romanos? Se for ler um livro comercial, faça depois de ler a Bíblia. Se não conseguir ter um caderno para suas anotações, faça-o na Bíblia física mesmo, ou virtualmente no bloco de anotações do seu dispositivo móvel, ou no PC. Não devemos impor um formato de devocional criando um padrão escolar de estudo com caderno, canetas coloridas e marca-textos, pois cada pessoa tem uma forma singular de lidar com esse tipo de material. O foco da devocional é ler, meditar, orar e praticar. Depois disso, você pode – se tiver habilidade e tempo para – cantar, compor, anotar, colorir os textos bíblicos, desenhar no caderno, entre outras atividades. O primordial e insubstituível, contudo, é passar um tempo em profunda intimidade com Deus.

4) COMO ORGANIZAR A MINHA MEDITAÇÃO?

Muitas das passagens são autoexplicativas, e você pode fazer as observações a seguir ao ler o texto:

- O que o autor está dizendo sobre Deus, sobre ele e sobre o mundo?
- O que é possível fazer para praticar os princípios de vida desta passagem?
- É necessário abandonar algum pecado? É preciso ajudar alguém?
- Se o texto for obscuro, tente encontrar uma literatura ou artigo que o explique.

Texto

> *Como é feliz aquele que não segue o conselho dos ímpios, não imita a conduta dos pecadores, nem se assenta na roda dos zombadores!* (Sl 1:1 – NVI)

Meditação

Para eu ser feliz, não posso seguir os conselhos ou atitudes de gente sem Cristo nem me envolver ou participar de assuntos ou conversas que não vão edificar a minha vida.

Oração

Deus, eu quero ter essa felicidade comentada pelo Salmista, porém tenho cedido à tentação de desejar a vida de pessoas sem Cristo por parecerem que não passam por dificuldades e problemas. Ajuda-me a não mais ouvir os conselhos que me afastem da Tua presença. Eu não quero mais participar de conversas de conteúdo obsceno. Em nome de Jesus.

Desafio

Eu tenho que fazer isso hoje no meu trabalho, ou com meus familiares sem Cristo.

Aplicação pessoal

1. Apenas me afastar dos amigos descrentes é a solução?
2. Eu tenho de influenciá-los por meio de uma vida Cristã verdadeira a seguir a Cristo, ou deixá-los para trás?
3. Preciso pedir perdão aos meus líderes por ministrar louvor com uma vida de contaminação por causa dessas más companhias?

DEVOCIONAL COM O GRUPO DE LOUVOR

Até um time de futebol se retira em um hotel para fazer a "concentração" antes de um jogo. Ali os jogadores ouvem uma palestra motivacional para elevar a moral e dar força para buscar um resultado positivo; assim, quando estiverem em campo, poderão apenas pensar em vencer o jogo. O grupo de louvor precisa dessa comunhão, um momento em que todos os músicos se juntam para sentir a liderança do Espírito Santo neles. Um momento devocional que aumente a fé e a certeza de que serão guiados pelo amor derramado no coração mediante a entrega de cada vida em adoração.

Nas páginas a seguir, o leitor encontrará algumas devocionais que irão desafiar, encorajar, confrontar e mentorear sua vida e a do ministério de louvor. Use como padrão: texto, meditação, oração, desafio e aplicação pessoal.

DIGA-ME
QUEM SOU

> *Jesus partiu com seus discípulos para os povoados de Cesareia de Filipe e, no caminho, perguntou a seus discípulos: "Quem dizem os homens que eu sou?". Eles responderam: "João Batista; outros, Elias; outros, ainda, um dos profetas". "E vós", perguntou ele, "quem dizeis que eu sou?". Pedro respondeu: "Tu és o Cristo".* (Mc 8,27-30)

Essa é uma pergunta que tememos fazer para as pessoas, pois talvez não gostemos do que vamos ouvir a nosso respeito ou pode ser que nos surpreendamos pelo fato de termos uma visão errada de nós mesmos. Seja qual for, uma resposta positiva ou negativa, não devemos deixar que uma descrição clara sobre quem somos nos deixe estagnados numa área de conforto por acharmos que estamos bem, ou magoados e ressentidos ao ouvirmos nossos defeitos e falhas.

Jesus é perfeito, e não estava com medo do que as pessoas pensavam dele. No entanto, nós não temos essa segurança ou certeza, porquanto ainda temos falhas que ainda não vencemos. O que um irmão próximo poderia falar sobre você abertamente seria o mesmo que alguém com que você tem pouco contato diria?

ORAÇÃO

Senhor, eu preciso ter a coragem de mudar o que meu líder espiritual (pastor, cônjuge, pai, mãe) me disse para vencer. Eu farei isso na primeira oportunidade em que precisar exercer o controle e aplicar a mudança que preciso alcançar. As forçar o Senhor já me deu, agora eu vou agir!

DESAFIO

Peça a um irmão próximo, um líder maduro e de confiança, seu pastor ou alguém da sua família, dizer a você quem você é. Ouça com humildade e permita acontecer a transformação necessária.

APLICAÇÃO PESSOAL

1. Como você reage quando alguém tenta se aproximar e falar sobre alguma falha sua?
2. Você já resistiu a reagir positivamente ao desafio de vencer uma atitude reprovável? Fale como foi e por quê.
3. Você tem dificuldade de lidar com a verdade sobre suas atitudes negativas?
4. Você aceitaria ouvir o que seus parceiros de ministério têm a dizer a seu respeito?
5. Se sempre ouve elogios e não teme haver algo negativo nisso, há algo que as pessoas não saibam a seu respeito que você teme que possa destruir a reputação que construiu no ministério?

PRECISO APRENDER A PERCEBER A PRESENÇA DE DEUS

> *Abriram-se-lhes então os olhos, e o reconheceram; nisto ele desapareceu de diante deles. E disseram um para o outro: Porventura não se nos abrasava o coração, quando pelo caminho nos falava, e quando nos abria as Escrituras?* (Lc 24:31-32)

Dois discípulos, tão ocupados com as notícias que alvoroçavam aquela região, não perceberam a presença daquele que se tornara a própria notícia, Jesus. Nosso dia a dia ministerial e até o cotidiano fora da igreja nos distraem com seus alaridos. Seus olhos estavam fechados por intervenção de Deus para mostrar a eles e a nós como podemos fixar nossa atenção em notícias quando podemos ter a presença de quem controla a história.

Não podemos permitir que, como esses homens, estejamos cegos a ponto de não sentirmos a presença de Deus. As nossas ocupações não podem nos afastar do sobrenatural, acontecimentos que devem ser naturais em nossa experiência diária. É necessário desenvolver formas pessoais de perceber a presença de Deus, pois cada um de nós a sentimos de forma diferente.

O Senhor se revela a nós, anda ao nosso lado, nos ensina e senta-Se à mesa conosco, então cabe a nós estarmos atentos e percebermos cada movimento do Espírito Santo.

Sensibilidade é o que precisamos para sentir e perceber ao Pai. E, para termos mais Dele, é necessário uma busca incessante.

Não podemos desistir nem achar que não sentir Sua presença é natural. Até mesmo ouvir a Deus ao assistir a um filme que não seja cristão é possível, pois Ele fala conosco de muitas maneiras. Pode ser conversando com alguém, ou às vezes quando vamos aconselhar uma pessoa, momento em que Deus se revela e se mostra da forma que nós precisamos. Somos, assim, usados para falar exatamente aquilo que precisávamos ouvir também.

ORAÇÃO

Senhor Jesus, eu quero ser sensível o quanto tu esperas que eu seja. Eu vou me esforçar para atingir a medida da estatura espiritual que o Senhor tem para mim, pois eu sei que tudo vem do Senhor. Tu és a melhor notícia, e eu quero viver Tua presença por onde eu andar.

DESAFIO

Separe um tempo para desfrutar a presença de Deus – durante a leitura, a oração etc. – e faça anotações sobre tudo o que Ele lhe diz. Não faça isso sozinho. Procure alguém que possui a mesma vontade para compartilhar a presença de Jesus.

APLICAÇÃO PESSOAL

1. Você tem vida de oração?
2. Como anda a leitura da Bíblia?
3. Fazer devocional é algo importante para você?
4. Literatura e filmes cristãos lhe interessam?
5. Você acha que Deus só fala pela Bíblia ou pode usar outra forma que Ele quiser?

DEUS É DIGNO DE LOUVOR

> *Essa é a razão da alegria que trago no coração e, no íntimo, exulto de prazer; e assim meu corpo repousará em paz, porque tu não me abandonarás nas profundezas da morte. Tu me fizeste conhecer o caminho da vida, a plena felicidade da tua presença e o eterno prazer de estar na tua destra.*
> (Sl 16:9-11)

Tantas vezes, na Palavra, nós encontramos essa frase e não paramos para pensar quão grande é seu significado. A palavra "louvor", em hebraico, significa expressar dependência, apresentar ações de graças, celebrar com palavras, prostrar-se, musicar, cantar um novo cântico.

> *Bendirei o Senhor, que me aconselha; na escura noite o meu coração me ensina!* (Sl 16:7)

A Bíblia descreve esse salmo como canto silencioso de Davi, que reconhece o Senhor como nosso redentor e consolador. Um louvor genuíno não necessita de palavras, mas é fruto de um coração quebrantado inspirado pelo Espírito Santo, e não termina com o fim da canção, mas se estende por toda a vida. Um Deus que não somente criou todas as coisas, mas, uma vez que nos vimos presos no pecado e nos separamos da sua Luz, entregou a Si mesmo para nos resgatar não é digno de todo nosso amor e gratidão?

ORAÇÃO

Pai, me ajude a tornar minha vida um louvor genuíno ao Senhor. Que a novidade de vida expressa em Jesus possa me inspirar a cantar um novo cântico para o Senhor, pois o Senhor me fez conhecer o caminho da vida e a plena felicidade de andar contigo.

DESAFIO

Crie um mover dentro de si que produza um coração inspirado pelo Espírito Santo. Busque-se contornar daquilo que o aproxima de Deus, traga à memória tudo o que Ele tem feito sobre sua vida, esforce-se para que tenha um período do dia voltado a conhecê-Lo melhor, para que seja gerada uma atmosfera de adoração em seu interior que frutifique um louvor genuíno.

APLICAÇÃO PESSOAL

1. Você tem buscado ensino da parte do Senhor?
2. De que seu coração tem estado cheio?
3. Quão frequentemente você "viaja" sobre as coisas de Deus?
4. Você tem sido grato por estar vivendo seu chamado?
5. Você ainda reconhece o primeiro amor?

UM CORAÇÃO DE SERVO

> *Mas se o servo disser: "eu amo a meu senhor, a minha esposa e aos meus filhos, não quero ficar livre", seu senhor o fará se aproximar de Deus e o encostando às ombreiras da porta, furará sua orelha, e se tornará servo para sempre.* (Êx 21:5-6 – romanceada)

Segundo a Lei, uma família que tivesse um servo deveria liberá-lo de seu serviço depois de tê-la servido por seis anos, sendo generosa com ele, uma vez que não poderia levar consigo sua esposa e seus filhos, se os tivesse. No entanto, se o servo amasse a família e quisesse continuar os servindo, passaria a ser parte daquela família e poderia estar com sua esposa e filhos.

Apesar de parecer distante, o mesmo aconteceu comigo e com você. Escolhemos estar com Deus e servir a Ele por amor. E ainda que isso, a princípio, possa ter parecido nos privar de certa liberdade, nós a recebemos como filhos. Ali Jesus nos moveu em direção a Deus e nos marcou, para que estejamos para sempre com Ele. Jesus nos transformou, mostrando uma escala de valores para nossa vida: o servo no texto ama a seu Senhor, a sua esposa e a seus filhos, e nos ensinou a valorizar e amar o que Deus valoriza e ama, a família.

Esse servo deixou sua liberdade de lado por amor a seu senhor, mas recebeu algo muito maior. Como diz a Palavra, aquele que por amor de Cristo deixar casa, família, rebanhos, de tudo isso ganhará cem vezes mais. Um coração de servo entende isso, mas não o faz pela recompensa, porém por amor. Que possamos trazer essa realidade para nossa adoração, que não venhamos a, como diz o louvor, só amá-Lo pelo que Ele tem feito, mas adorá-Lo por quem Ele é. *Ehye asher Ehye*, o Deus que se molda à necessidade do seu povo, pois "é tudo em todos" (Cl 3:11). Um coração de servo é um coração quebrantado, gratuito, paciente e esperançoso, que tem sua força no Senhor, pois Nele confia. É como o de Cristo, que, sendo Rei, esvaziou-se de sua majestade e veio para servir e dar a vida por nós.

ORAÇÃO

Pai, restaura em mim o amor em servir a Ti e a Tua casa. Coloca no meu coração a motivação correta para meu louvor e me permita conhecer mais de Ti, para que minha adoração tenha mais profundidade e mais vida.

DESAFIO

Busque situações cotidianas em que você possa praticar o dom de serviço: por exemplo, chegando mais cedo aos cultos e ajudando na limpeza e na preparação do salão. Busque em Deus que use essas situações para criar o amor em servir, característico de Cristo.

APLICAÇÃO PESSOAL

1. Você tem real certeza do seu propósito diante de Deus?
2. Você busca servir a Deus em seu ministério, independentemente da situação?
3. Você tem dificuldade em renunciar atitudes negativas para o bem ministerial?
4. Você valoriza aquilo que Deus valoriza?
5. Você tem buscado constante consagração e priorizado o Reino?

ADORAÇÃO NO DIA DA ADVERSIDADE

> *O Senhor é refúgio para os oprimidos, uma torre segura na hora da adversidade. Os que conhecem o teu nome confiam em ti, pois tu, Senhor, jamais abandonas os que te buscam.* (Sl 9:9)

> *Do teu louvor transborda a minha boca, que o tempo todo proclama o teu esplendor.* (Sl 71:8)

Existem dias em que vemos nossas forças indo embora, nos quais nossos sonhos parecem estar distantes demais, em que somos feridos por uma palavra ou nos sentimos culpados por ter ferido alguém amado. Pode ser que nos desesperemos por uma provisão, ou mesmo que nos sintamos cansados de esperar pela conversão de um familiar. Nesses dias, e em todos os demais, o Senhor se faz nosso refúgio. Ele nos colocará sob a fenda da rocha e ali nos guardará no Seu esconderijo, se dele fizermos nosso porto seguro.

Por extensão, quando alguém se esconde numa paisagem, se faz parte dessa paisagem. E assim também é com Deus, pois nos tornamos parte com Ele, que nos faz ver a situação com Seus olhos e restaura nossa adoração, para que possamos vencer a batalha. Quando adoramos, demonstramos nosso amor ao Senhor e declaramos que Ele é maior que qualquer adversidade pela qual estejamos passando.

No louvor, também expressamos nossa dependência em Deus e sabemos que Ele não nos deixará. "Porque ele me ama, eu o resgatarei; eu o protegerei, pois conhece o meu nome. Ele clamará a mim, e eu lhe darei resposta, e na adversidade estarei com ele; vou livrá-lo e cobri-lo de honra (Sl 91:14-15).

ORAÇÃO

Pai, eu sei que passar por adversidades nos faz perseverar, mas muitas vezes a tristeza toma conta de nós. Que nesses dias eu possa lembrar que o Senhor é meu refúgio e que estará comigo nas adversidades, e que nada contamine a minha adoração. Que com ela eu possa demonstrar minha confiança e meu amor no Senhor, para receber vitória.

DESAFIO

Que o Senhor o guarde, mas, quando passar por uma situação em que se encontrar angustiado, desanimado, desesperançoso (ou mesmo em uma escassez), não desista. Busque abrigo em Deus, pois Ele é o nosso refúgio. Traga ao seu coração a memória de tudo o que Ele já fez por você e saiba que o Pai não o desamparará. Valorize a comunhão e peça a um irmão de confiança que esteja em oração contigo. O Senhor há de livrá-lo da situação e honrá-lo. Essa é uma promessa.

APLICAÇÃO PESSOAL

1. Você tem problemas em admitir suas fraquezas?
2. Quanto tempo você costuma esperar para buscar no Senhor?
3. Ao passar por uma situação difícil, você deixa que ela aflija sua adoração?
4. Numa adversidade, você geralmente pensa em desistir?
5. Quais são as suas memórias de milagres que Deus já operou na sua vida?

PRIORIDADES E URGÊNCIAS

> *Eis que mediste os meus dias a palmos; o tempo da minha vida é como que nada diante de ti. Na verdade, todo homem, por mais firme que esteja, é totalmente vaidade.* (Sl 39:5)

Muitas vezes nos sentimos frustrados, pois não conseguimos, na correria do dia a dia, colocar em práticas os sonhos e projetos que Deus tem plantado em nosso coração. De fato, como diz a Palavra, os últimos dias estão sendo abreviados, física ou figurativamente; porém, essa situação tem mais a ver com uma quebra em nossa escala de valores. Isso acontece porque, ainda que inconscientemente, permitimos que pessoas, afazeres, preocupações ofusquem a nossa visão no alvo que é Cristo e impeçam que concretizemos os sonhos de Deus para nossa vida. "Quem tenho nos céus senão a ti? E na terra, nada mais desejo além de estar junto a ti (Sl 73:25).

Uma vez que reconhecemos que tudo que temos está em Deus – família, casa, filhos, emprego e até o ar que respiramos – e que em tudo dependemos Dele, passamos a colocar Ele e Seu Reino em primeiro lugar. Assim, deixamos de considerar como urgência as coisas deste mundo, aprendendo a esperar o tempo de Deus e deixando de nos frustrar com aquilo que ainda não chegou. Seguimos em frente para aquilo que Deus já preparou para nossa vida.

ORAÇÃO

Pai, sonda meu coração, mostra-me em que área da minha vida tenho estado indiferente às Tuas coisas e me ajuda a restaurar minha escala de valores para que o Senhor tenha seu devido lugar em mim, e eu possa ser usado como instrumento para realização da Tua obra.

DESAFIO

Busque ser mais organizado em relação a seus projetos com Deus, procure definir suas prioridades, mas colocando o Reino acima de todas elas. Tente enxergar seu ministério como um grande projeto do Senhor para sua vida, que demanda esforço, diligência e não pode ser procrastinado.

APLICAÇÃO PESSOAL

1. Como anda sua escala de valores?
2. Consegue entender por que o Senhor deve estar sempre adiante em sua vida?
3. Há algum sonho ou projeto que Deus lhe confiou e você ainda não conseguiu realizar? Por quê?
4. Após ter orado, em que áreas da sua vida tem estado indiferente às coisas de Deus?
5. Como pretender fazer para mudar essa situação?

A VONTADE DE LARGAR TUDO

> *Então ele perguntou aos doze discípulos: — Será que vocês também querem ir embora?* (Jo 6:67)

Nosso pensamento ocidental, "Penso, logo existo", é baseado na individualidade. O que pode mudar um pensamento como esse? Difícil tarefa nossos líderes possuem, uma árdua responsabilidade: transmitir para nós, e nós para a próxima geração, o zelo por tudo que envolve o Reino de Deus.

Paulo diz que o Reino não é comida nem bebida. Jesus disse que não devemos acreditar quando alguém disser que o Reino está ali ou acolá, porque o Reino está dentro de nós. Que discurso duro de Jesus aos doze: "Se vocês não suportam a responsabilidade do Reino, podem ir embora!". Um grande problema é que somos muito melindrosos, não estamos resistindo até o sangue por amor a Cristo. Queremos desistir por coisas fúteis e pequenas, quando na verdade o Evangelho é tomar a sua cruz e seguir após Ele.

Se você tem vontade de desistir por não ver frutos, ou retribuição, recompensa ou medalhas, você não está servindo a Cristo, mas aos homens. Quando seguimos a Cristo, não esperamos reconhecimento ou agradecimento, muito menos fama. Não fale de nós, por favor, apenas de Cristo!

Cristo sempre desafiou o pensamento individualista, embora a igreja verdadeira seja um indivíduo. Deus habita dentro dela. Eu ouvi que há um pensamento em alguns pontos da África oposto ao "Penso, logo existo": "Se eu pertenço, eu existo". A pessoa governada por esse pensamento se sente grande se sua tribo é grande; se esta é pequena, sente-se pequena. O Reino de Deus é grande ou é pequeno? Então, você é grande! E por você pertencer a esse Reino poderoso e grande, a sua resistência deve ser como a daqueles que seguem a Cristo por onde for, em qualquer situação, sem hesitação, sem melindre.

ORAÇÃO

Deus poderoso, eu quero ser submisso a Cristo, que é a cabeça da igreja. Farei tudo o que Espírito Santo me orientar. Acatarei as ordens como se Cristo mesmo estivesse ordenando que eu faça. Andarei em santidade e vou crescer no conhecimento e na Graça do meu Senhor e Salvador Jesus Cristo. Darei meu amor, tempo, dinheiro, dons para que o Reino de Deus possa expandir.

DESAFIO

Tenha uma atitude diferente daquela costumeira de desistir, murmurar, ameaçar, adiar ou esperar que outros façam por você. Chame um líder para ajudá-lo, pedindo-lhe que fale tudo o que você precisa mudar. Faça uma lista e dê prazo para executar o que é necessário modificar.

APLICAÇÃO PESSOAL

1. Você já desistiu de fazer algo por ter sua atenção chamada pelo seu líder?
2. Em qual situação você abandonaria seu ministério?
3. Em seu lugar, o que faria Jesus?
4. Você já fez algo que desanimou seu líder?
5. Você tem coragem para voltar atrás de decisões que o afastam do seu ministério?
6. Qual é sua resposta a essa devocional?

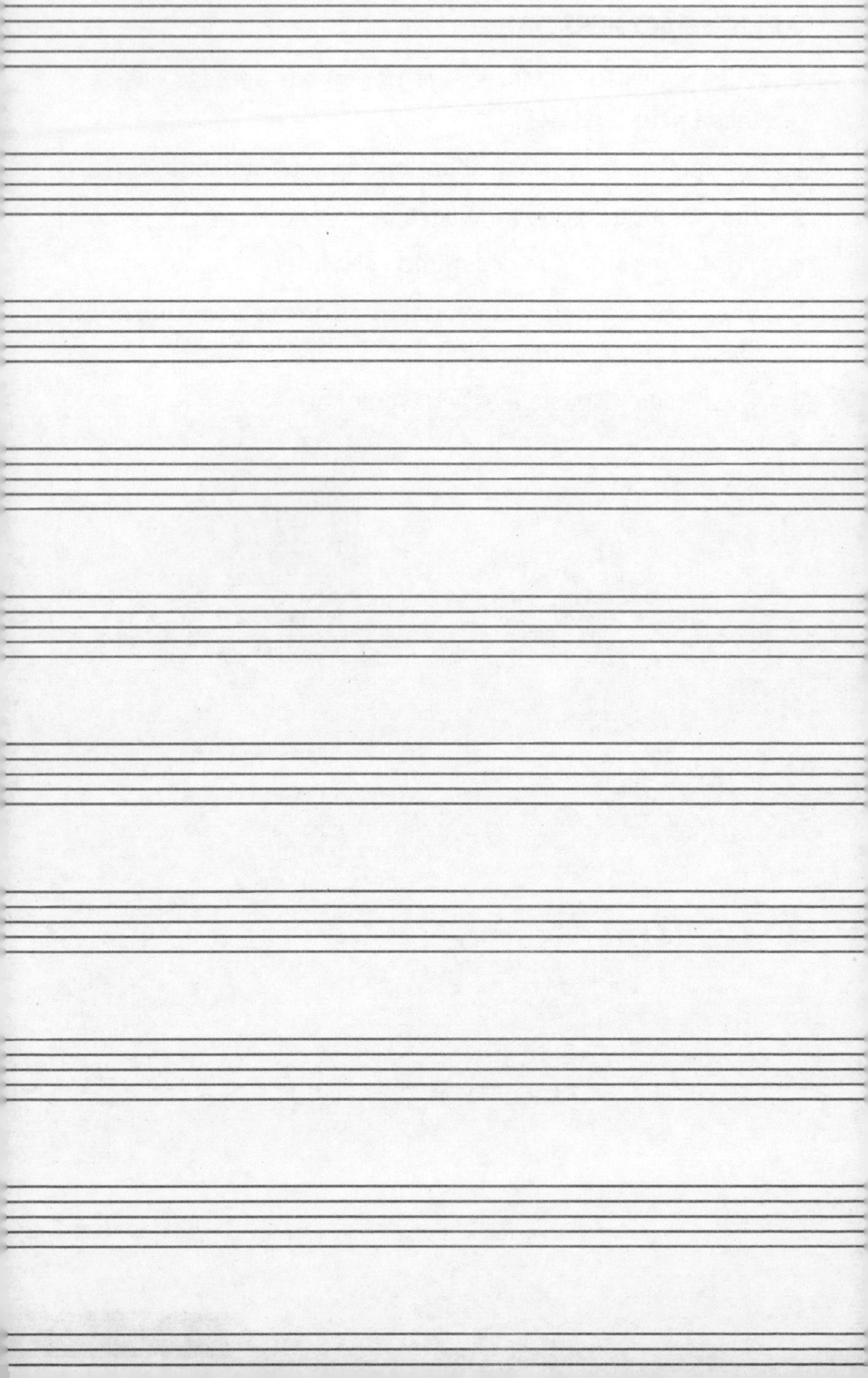

A ADORAÇÃO QUE CHAMA A ATENÇÃO DE DEUS

8

> *Viu também uma viúva pobre colocar duas pequeninas moedas de cobre. E disse: "afirmo-lhes que esta viúva pobre colocou mais do que todos os outros, todos esses deram do que lhes sobrava; mas ela, da sua pobreza, deu tudo o que tinha". (Lc 21:2-4)*

Aquela viúva demonstrou verdadeira adoração a Deus. Podemos ver, em sua simples atitude, grandes coisas. Amor demonstrado pela espontaneidade, pois ninguém a obrigou a ofertar. Ela simplesmente deu tudo que tinha, não deixando nada nem para seu sustento; exigiu dela a sua fé. Essa fé é o que toca o coração de Deus. Isso significa confiar mais Nele do que em suas riquezas. Se a nossa adoração não nos expuser ao sacrifício, não temos como atingir os padrões ensinados por Jesus.

ORAÇÃO

Senhor, o meu verdadeiro desejo hoje é ter um coração como o dessa mulher. Um coração cheio de amor, fé e gratidão. Sacrificar a minha vontade e colocar a Sua vontade acima dos meus desejos.

Que eu possa chamar a Sua atenção com a minha verdadeira adoração. Que eu possa ofertar o melhor de mim, demonstrando que por meio das minhas atitudes eu consigo tocar Seu coração.

DESAFIO

Os desafios requerem de nós plena confiança em Deus. Faça um voto com Ele, demonstrando sua verdadeira gratidão. Sacrificar a sua vontade é colocar a vontade Dele acima dos seus desejos. Você será surpreendido com as maravilhas que o Senhor realizará em sua vida.

APLICAÇÃO PESSOAL

1. Realmente você tem confiança em Deus para deixar de lado seus interesses e dar a Ele a sua melhor adoração?
2. Qual foi a sua melhor atitude de adoração que tocou o coração de Deus?
3. Você vai abrir mão dos seus interesses para ofertar ao Pai algo sacrificial? O que será feito?

TRAIÇÃO E PERDÃO

> *Chegou-se Jacó a Isaque, seu pai, que o apalpou, e disse: A voz é a voz de Jacó, porém as mãos são as mãos de Esaú. E não o reconheceu, porquanto as suas mãos estavam peludas, como as de Esaú seu irmão; e abençoou-o [...] Esaú, pois, odiava a Jacó por causa da bênção com que seu pai o tinha abençoado, e disse consigo: Vêm chegando os dias de luto por meu pai; então hei de matar Jacó, meu irmão [...] Então Esaú correu-lhe ao encontro, abraçou-o, lançou-se-lhe ao pescoço, e o beijou; e eles choraram. Ao que disse Esaú: Permite ao menos que eu deixe contigo alguns da minha gente. Replicou Jacó: Para quê? Basta que eu ache graça aos olhos de meu senhor.* (Gn 27:22-23.41; 33:4.15)

Com certeza Esaú se sentiu traído por seu irmão e, com todo o seu ímpeto, empenhou-se em fazer justiça com as próprias mãos. No entanto, o tempo e um toque especial (o encontro de Jacó com Deus) na vida de Jacó serviram de combustível para que esse encontro não fosse apenas especial, mas que servisse para consolidar uma relação. Houve, então, a liberação do perdão de Esaú para com o seu irmão Jacó, agora chamado Israel.

ORAÇÃO

Senhor, eu causei mal a _____ (nome da pessoa) e traí a confiança dele(a).

Senhor, eu fui ferido e me senti traído por _____ (nome da pessoa).

Ajuda-me a Te encontrar, pois sei que com o Teu toque eu terei forças para pedir perdão e perdoar, para que assim o meu relacionamento seja restaurado e eu possa seguir com os planos e projetos que tens para mim.

Agora que tive o encontro contigo e recebi do Teu toque especial, estou pronto para agir de acordo com o Teu querer!

DESAFIO

Honre e presenteie a vida daquele irmão com o qual a relação ficou, por algum motivo, estremecida ou até mesmo foi rompida. Assim, você seguirá livre e o seu ministério será uma bênção para a posteridade!

APLICAÇÃO PESSOAL

1. Você já fez algo que traísse a confiança de seu líder?
2. Você pode compartilhar com seu discipulador ou um crente maduro que possa direcioná-lo positivamente?
3. Sua atitude foi premeditada ou teve ajuda de terceiros?
4. Você tem dificuldade de reconhecer as suas falhas e, como defesa, tem atitudes tempestivas?
5. Se você conseguiu vencer essa situação, compartilhe e edifique a vida dos companheiros de ministério e de outros irmãos pela sua experiência.

HÁBITOS DE ADORAÇÃO

10

> *E o Senhor apareceu a Abrão, e disse: À tua semente darei esta terra. E ele edificou ali um altar ao Senhor, que lhe aparecera. Então passou dali para o monte ao oriente de Betel, e armou a sua tenda, estando Betel ao ocidente, e Ai ao oriente; e edificou ali um altar ao Senhor, e invocou o nome do Senhor. Depois continuou Abrão o seu caminho, seguindo ainda para o sul.* (Gn 12:07-09)

A palavra hábito, de acordo com o dicionário *on-line* Michaelis, é a "inclinação por alguma ação, ou disposição de agir constantemente de certo modo, adquirida pela frequente repetição de um ato. Procedimento repetido que conduz a uma prática".

Abraão tinha esse hábito. Por onde ele passava, erguia um Altar ao Senhor, com a única e exclusiva finalidade de louvar, engrandecer e adorar Aquele que em tudo lhe havia suprido, protegido e conduzido em triunfo. Assim como Abraão, devemos ativar esse hábito por onde quer que nós estejamos, seja escola, trabalho ou em casa. Ter hábitos de adoração nos dá livre acesso à Sala do Trono, uma vez que isso faz parte ativamente de nós, e nossas ações serão muito bem-sucedidas, assim como as ações do Pai da Fé.

ORAÇÃO

Pai, ajuda-me a ativar esse precioso hábito, o de Te adorar por onde eu andar e, assim, mostrar ao mundo a grandeza da Tua majestade; pois, assim como Abraão adorava a Ti, Senhor, com essa ativação eu creio que posso tocar os céus com os meus Hábitos de Adoração! Pois agora, Senhor, que fui ativado pelo Teu agir, posso avançar com confiança em direção ao Trono da Graça.

DESAFIO

Nos locais por onde você passou e onde, de alguma forma, o Nome do Senhor não foi exaltado, levante a Deus um altar de adoração profunda e expressiva, declarando que naquele lugar o Senhor é o Rei!

APLICAÇÃO PESSOAL

1. Você encontra dificuldades em construir altares ao Senhor e exaltá-Lo em sua vida?
2. Em suas ministrações de louvor e adoração, os "altares" construídos a Deus servem de inspiração e exemplo para os companheiros de ministério?
3. Os seus hábitos de adoração servem à igreja e aos irmãos, ou apenas ao seu ego?
4. Faça reuniões com o ministério a fim de compartilhar as experiências vividas por meio de seus hábitos de adoração.

COMUNHÃO E ADORAÇÃO NO MINISTÉRIO

11

> [...] servindo uns aos outros conforme o dom que cada um recebeu, como bons despenseiros da multiforme graça de Deus. (1Pe 4:10)

> Oh! Quão bom e quão suave é que os irmãos vivam em união! (Sl 133:01)

A Palavra de Deus nos ensina que a comunhão é o prenúncio da adoração, e que sem esse precioso momento o culto ao Senhor não é completo, pois não podemos nos achegar à Sala do Trono se antes da adoração não houver uma conexão primeiro horizontal, ou seja, tendo momentos expressivos de comunhão com os irmãos.

Assim como no Tabernáculo, era necessário o sacerdote passar um período no Lugar Santo, para aí então acessar o Lugar Santíssimo. Em tudo nosso culto se assemelha, tanto na preparação quanto na execução do culto. Após esse maravilhoso momento, nossa Adoração será vertical, chegando até o Trono de Deus. Desse modo, a multiforme graça do Pai se manifestará em nós, de acordo com os nossos dons.

ORAÇÃO

Senhor Jesus, por meio do Seu poderoso sacrifício, hoje eu posso ter comunhão com o meu irmão. Que eu guarde e valorize a comunhão, como o mais puro ouro, para que a minha adoração seja mais profunda e mais rica. Que eu e meus irmãos de ministério sejamos referenciais de pessoas que valorizam e expandem os momentos de comunhão, para que esta alcance a todos na igreja e não fique apenas conosco ali no altar/palco.

DESAFIO

No momento da escolha dos cânticos do louvor, em vez de empregar um tempo maior escolhendo cânticos de batalha, de busca da prosperidade ou que estimulam a igreja a "pedir coisas para si", separe um período maior do louvor para que a igreja possa celebrar a comunhão. Faça o teste e desfrute do período extraordinário de adoração que a igreja viverá.

APLICAÇÃO PESSOAL

1. Existe dificuldade em se expressar nos momentos de celebração da comunhão, no período do louvor?
2. Há barreiras em seu coração que possam impedir o fluir da comunhão com os irmãos de ministério?
3. Estimule os ministros músicos a interagir ativamente com você no momento de celebração da comunhão.
4. Crie momentos de íntima comunhão com todos os integrantes do ministério, momentos não só de descontração, mas também de compartilhar experiências que nem todos os irmãos conhecem a seu respeito.

O VALOR DOS
PLANOS DE DEUS

> *Eis que faço uma coisa nova; agora está saindo à luz; porventura não a percebeis? Eis que porei um caminho no deserto, e rios no ermo.* (Is 43:19)

> *Pois eu bem sei os planos que estou projetando para vós, diz o Senhor; planos de paz, e não de mal, para vos dar um futuro e uma esperança.* (Jr 29:11)

Você sabe qual é a diferença entre deserto e ermo?
Deserto é o lugar onde há pouca vegetação e escassez de água (por exemplo, o deserto do Saara, na África) e ermo é um lugar sem vida, inóspito (como o deserto do Atacama, no Chile). Você consegue compreender a Palavra transcrita anteriormente por meio dessas definições? Ficou mais claro, não é?

Os planos de Deus são, na sua maioria, muito loucos para nossa compreensão, porém o valor agregado e real que eles têm para nós são altíssimos. Para sua execução, Deus é capaz de modificar toda uma área ou região a nosso favor; tudo para que o plano tenha o fim que deseja. No entanto, temos uma parcela considerável a contribuir, temos de investir, valorizá-lo, para que então o plano seja perfeitamente executado.

ORAÇÃO

Senhor, obrigado por me trazer clareza de entendimento, pois tenho agora a real noção do valor que é investido para a realização dos Teus planos em minha vida. Ajuda-me a dar valor às coisas que o Senhor dá valor, a amar tudo aquilo que o Senhor também ama e a colocar força para fazer tudo o que o Senhor mandar fazer!

Eu sei agora o valor que o meu ministério pessoal tem, pois entendi que o necessário para a execução dos Teus planos em mim o Senhor pode trazer de onde há pouca probabilidade de vida (caminhos no deserto), ou de onde não há nenhuma probabilidade de vida (rios no ermo). Obrigado, Senhor!

DESAFIO

Peça orientação ao seu líder para que lhe dê as diretrizes necessárias para o crescimento do ministério, fazendo aquilo que lhe for proposto como meta, dentro dos prazos estipulados por ele.

Lembre-se da oração anterior! Dê valor àquilo que o Senhor dá valor, ame aquilo que o Senhor também ama e faça tudo o que o Senhor manda fazer!

APLICAÇÃO PESSOAL

1. Como você reage ao ser desafiado pelo líder a investir mais em seu ministério?
2. Se o seu líder lhe confia uma tarefa, que não lhe trará prestígio algum, porém é algo necessário para o desenvolvimento do ministério, como você age?
3. Você resiste quando o seu pastor o chama para investir em algum projeto que, na sua visão, conflita com seus interesses?
4. Ao ser desafiado pelo líder a ampliar o seu ministério, você reagiu prontamente ou tentou buscar mecanismos para desestimulá-lo?

SOU OBRIGADO A OBEDECER A ALGO QUE NÃO QUERO?

13

> *Vá depressa à grande cidade de Nínive e pregue contra ela, porque a sua maldade subiu até a minha presença.* (Jn 1:2)

O Senhor entendia a indignação de Jonas. Por um lado, era como se tentasse proteger Deus de uma decepção, mas, por outro, repudiava e tinha sentimento de vingança em relação àquela nação. Ele queria que sofresse o juízo de Deus e não recebesse a misericórdia. Ao faltar com amor, Jonas caiu em desobediência. Deixou que seu ódio o impedisse de levar o amor do Senhor para aquele povo, e fugiu, como muitas vezes fazemos.

Ele mesmo, porém, o foi buscar. Assim como com Cristo, Deus o trouxe de volta da morte para que sua Salvação, por meio dele, se manifestasse. O que o difere humanamente, contudo, é a obediência. Enquanto Jonas foi lançado na tempestade por sua desobediência, Jesus lançou-se a si mesmo sob ela, pois entendia que Seu propósito era maior que Seu sofrimento.

Precisamos romper com todo impedimento que colocamos no propósito de Deus para nossa vida. Como um Pai, imagino que Deus se entristeça muito quando necessitamos ser forçados a fazer o que tem ordenado. Ele tem nos chamado para a obediência, que, por sua vez, está diretamente ligada ao amor.

> *"Se vocês me amam, obedecerão aos meus mandamentos."* (Jo 14:15)

ORAÇÃO

Pai, coloca em mim um coração submisso a Ti para que, ainda que não queira por algum motivo cumprir Teu propósito, eu possa simplesmente Te obedecer como prova do meu amor. Anula em mim a força da minha carne para que o Senhor viva plenamente em mim.

DESAFIO

Busque em Deus situações que possam provar sua obediência como servo diante Dele. Procure retirar do seu coração sentimentos que possam afastá-lo do propósito do Senhor para sua vida. Pense nas tarefas das quais você queira afastamento e as faça; diminua a força dos seus desejos para que prevaleça a vontade do Senhor.

APLICAÇÃO PESSOAL

1. Você tem faltado com amor em relação a seu ministério?
2. Em que situações tem colocado a sua vontade sobre a de Deus na sua vida?
3. Como reage quando lhe é pedido algo que não queira realizar?
4. Já se sentiu culpado por ter bloqueado o propósito de Deus na vida de outras pessoas?
5. Em algum desses momentos, você já fugiu da presença de Deus?

14

QUAL É O LIMITE PARA MINHA ADORAÇÃO?

> *Aproximou-se dele uma mulher, trazendo um vaso de alabastro cheio de precioso bálsamo, que lhe derramou sobre a cabeça, estando ele à mesa.* (Mt 26.7)

> *Em verdade vos digo: Onde for pregado em todo o mundo este evangelho, será também contado o que ela fez, para memória sua.* (Mt 26.13)

Existe um freio dentro de cada indivíduo quando se trata de ofertar algo a Deus. Ficamos pensando se a oferta oferecida é suficiente para agradar a nosso Senhor. Isto é um mal inerente do ser humano, mensurar o valor de cada ato, pessoa, coisa ou posição: "Quanto vale isto? Será que vale o sacrifício? Por que só eu tenho que fazer sacrifícios?".

Por onde olhamos, vemos um preço a saldar. Não pagamos adoração, não devemos avaliar se vale a pena o preço daquilo que oferecemos a Deus. Jesus não ficou refletindo o quanto custaria nos amar – sendo nós ainda pecadores – e nos salvar, embora não merecêssemos coisa alguma, mas Ele fez! Aquela mulher derramou um precioso bálsamo sobre a cabeça de Jesus, e simplesmente fez: não doeu no seu bolso, no seu coração, na sua conta bancária ou na sua reputação. Ela voluntariamente deu com amor, paixão e reverência. O que Jesus prometeu se ela fizesse isso? Nada! Não houve limites para a adoração daquela mulher.

A adoração que fazemos sempre será para Deus, porém essa ação também é um testemunho de inspiração àqueles que são testemunhas da nossa atitude. Muitos podem ser edificados ou desmotivados pela forma que derramamos nosso perfume.

ORAÇÃO

Senhor Jesus, estou aqui para derramar o perfume que tenho guardado. Não quero reservar nada para mim, pois Tu és o meu maior amor. Por favor, permita que minha adoração também influencie outros adoradores a ofertar tudo, sem reservas, sem perguntas, sem contrapartida, apenas por amor.

DESAFIO

Pergunte a seu líder ou discipulador se sua adoração, suas ofertas e condutas podem ser comparadas à mulher do texto. Acate tudo o que ele lhe disser e comece a dar bom testemunho de um verdadeiro adorador.

APLICAÇÃO PESSOAL

1. Sinceramente, você entrega seus dízimos e ofertas com alegria ou sente peso nisso?
2. Quando lhe pedem que faça algum tipo de tarefa que envolva um sacrifício além daquele que você já está habituado, como você reage?

3. Ir além do que você está acostumado a realizar como serviço no ministério não seria uma forma de ampliar o limite da sua adoração?
4. Há algum testemunho, contado por outras pessoas, relacionado a seu exemplo como servo de Deus?
5. Qual é o limite para sua adoração?

CORAÇÃO ORGULHOSO

> *Os sacrifícios que agradam a Deus são um espírito quebrantado; um coração quebrantado e contrito, ó Deus, não desprezarás.* (Sl 51:17 – NVI)

A premissa do arrependimento, que traz a transformação necessária para um novo viver com Deus, é um coração quebrantado. Nessa passagem, Davi viveu um tempo em que permitiu que seu reinado o tornasse orgulhoso e fizesse que não se importasse em ferir as pessoas. Um homem de Deus, então, veio e trouxe uma Palavra de arrependimento que o transformou.

Nós devemos entender a graça do Senhor em nos ministrar quando nos vemos fracos espiritualmente (no contexto, o orgulho de Davi mostrou uma falta espiritual) diante de alguma situação e permitir que Deus quebre todo bloqueio que temos em sermos transformados. A palavra Dele diz que é melhor obedecer do que sacrificar, mas, ainda assim, os sacrifícios que Lhe agradam são os de louvor, frutos de um coração quebrantado; este o Senhor não desprezará.

ORAÇÃO

Pai, quebra em meu coração todo orgulho que me afasta da Tua presença, ajuda-me a tratar com amor aquilo que é importante ao meu irmão e, principalmente, aquilo que o é para o Senhor. Que eu possa em tudo alegrar Teu coração com a minha obediência, que é fruto de um coração quebrantado.

DESAFIO

Busque em Deus situações que possam trazer o quebrantamento necessário para Ele agir em sua vida. Quebrantamento significa se sentir fraco, e é quando nos sentimos fracos que somos fortes, pois o poder do Pai em nossa vida é aperfeiçoado na necessidade (quebrantamento).

APLICAÇÃO PESSOAL

1. Como tem estado seu coração: orgulhoso de algo?
2. Há alguma conquista em sua vida da qual se sinta excessivamente orgulhoso?
3. Tal orgulho já o fez ferir alguém?
4. Você tem buscado transformação ao receber uma Palavra da parte de Deus?
5. Você acredita que seu louvor seja influenciado por um coração quebrantado e obediente?

UM ABISMO LEVA A OUTRO ABISMO

> *Deem fruto que mostre o arrependimento.* (Mt 3.8 – NVI)

No mundo, estamos constantemente sujeitos a pecar, mas a maneira como reagimos tem muito a ver com nosso relacionamento e nossa certeza no propósito em Deus. Ambos Judas e Pedro negaram a Jesus, mas enquanto um sofreu por remorso, o outro mostrou arrependimento.

Aqui está a distinção entre pecar e estar em pecado. À medida que nos vemos presos numa situação passada, em que sentimos nossa consciência doída, estamos com remorso; este nos faz cair num abismo de sentimentos, que, no caso de Judas, levou ao suicídio. O arrependimento, por sua vez, resgata a alegria de servir e nos prepara para um novo tempo na presença de Deus, à medida que provoca mudança.

> *No arrependimento e no descanso está a salvação de vocês, na quietude e na confiança está o seu vigor.* (Is 30.15 – NVI)

O arrependimento é fruto de um coração contrito, quebrantado, certo de seu propósito, uma vez que não se entristece pelo erro passado, mas busca transformação futura. Entendendo que à medida que conhecemos a Deus

Ele espera mais de nós, assim devemos ser em tudo quebrantados e verdadeiros com Ele.

ORAÇÃO

Pai, coloca no meu coração a certeza sobre o meu propósito em Te servir, para que eu possa sempre estar com meus olhos fitos no alvo, que é o Senhor. Assim, se eu cair, que com meu coração voltado a Ti eu possa ser transformado em tudo que sou para que em tudo mostre frutos de arrependimento num novo caminho contigo.

DESAFIO

Peça ao Espírito Santo que mostre qual atitude sua o levou a outro erro. Às vezes, mentimos para encobrir uma mentira; outras vezes, somos ríspidos e irritados com alguém, mas não pedimos perdão por nossa irritação. Ao contrário, justificamos e negamos dar o fruto do arrependimento, que é pedir perdão a quem mentimos, ou ofendemos ou causamos algum dano. Vá até aquele contra o qual você pecou e peça perdão sem justificar.

APLICAÇÃO PESSOAL

1. Você tem total certeza sobre o seu propósito com Deus?
2. E sobre o propósito de Deus para você?
3. Quando comete um erro, você costuma se sentir muito culpado, ficando apegado ao passado?
4. Ao se arrepender verdadeiramente, você já experimentou uma profunda transformação?
5. Sua vida demonstra frutos que mostrem o arrependimento?

17

UMA PERSONALIDADE TRANSFORMADA

> *Não vos enganeis. As más companhias corrompem os bons costumes.* (1Co 15. 33 – NVI)

Esse versículo causa muita discussão, pois os mais jovens defendem com unhas e dentes a tese de que eles não vão pela "cabeça" dos outros. No entanto, nós não nascemos crescidos e sabemos bem como isso funciona.

A palavra do Senhor não nos deixa ser enganados; ficar longe de tudo que corrompe, dos frutos da carne, como diz em Gálatas 5.19-21, pois essas coisas são próprias de quem vive desordenadamente, tanto física como espiritualmente. Isso é falta de domínio de si, fruto de uma personalidade sem transformação.

Uma pessoa com personalidade transformada não permitirá ser influenciada, ela irá influenciar. É verdade que sentimos desejos, isso é inerente à nossa natureza humana. No entanto, se a busca a Deus é constante, com certeza essa batalha será vencida! Não podemos ser levados pelos ventos das tentações, por isso temos que buscar a maturidade cristã, que só se adquire com vida diária de intimidade com o Senhor.

Quando existe um sinal de perigo em uma amizade, a pessoa transformada se afasta sabiamente, porque sabe que pode ser prejudicada, e ainda alerta o(a) amigo(a) para que saia da "cilada"

Como cristãos, devemos ter o domínio das nossas atitudes, e não as atribuir a alguém, porém esse versículo-chave nos ensina a ficar longe de tudo que sabemos nos causar dano.

ORAÇÃO

Senhor, que eu possa ter verdadeiramente uma personalidade dominada pelo Seu Espírito Santo. Eu quero refletir Sua bondade e Seu amor em minhas atitudes. Ajude-me para que eu saiba reagir, e tudo que eu fizer possa refletir o Senhor. Que minha vida seja para Sua glória, em nome de Jesus, amém!

DESAFIO

Peça a alguém próximo que aponte algo em sua personalidade que ainda demonstra necessidade de transformação, a fim de que possa exercitar o controle e vencer. Tenha coragem para encarar, seja o que for, subjugue seu ego, e coloque Cristo no governo das suas ações e reações.

APLICAÇÃO PESSOAL

1. Como devo agir quando alguém me confronta?
2. Minhas reações refletem transformação ou falta de domínio?

3. Aqueles que andam comigo me inspiram a querer ser melhor?
4. Qual impressão eu causo aos que estão ao meu lado?
5. O que meus familiares não cristãos dizem sobre mim e minhas atitudes?

RETOMANDO A COMUNHÃO QUEBRADA

> *Depois Jacó passou e ficou na frente; sete vezes ele se ajoelhou e encostou o rosto no chão, até que chegou perto de Esaú. Porém Esaú saiu correndo ao encontro de Jacó e o abraçou; ele pôs os braços em volta do seu pescoço e o beijou. E os dois choraram.* (Gn 33.3-4 – NTLH)

Nós recebemos o ministério da restauração de relacionamentos (Jo 17.20-23), por isso o Novo Testamento, em sua grande parte, nos ensina como ter um bom relacionamento uns com os outros. É melhor se conter do que ter que juntar os estilhaços de uma granada decorrente de uma explosão causada pela falta de controle do nosso temperamento. A quebra da comunhão é uma das grandes vitórias que satanás pode conseguir de nós. Jacó causou feridas no seu irmão por roubar sua primogenitura. Ambos sofreram e foram punidos pelas consequências de suas escolhas. Muitos anos se passaram e uma oportunidade de reconciliação apareceu; desejada ou não, Deus conduziu tudo.

É inevitável que em algum momento da nossa vida experimentemos grande decepção e dor provenientes de um grande mal contra nós feito por alguém próximo. Nós também podemos causar um dano devastador a alguém devido a nosso orgulho, indiferença e raiva. Nossa boca pode ferir descarregando num irmão ou familiar a mágoa de algo não resolvido. Somos capazes de ofensas terríveis. A Bíblia ordena o perdão e que promovamos a paz uns com os outros (Rm 12.18). Não há alternativa para termos a paz de Cristo em nosso coração.

ORAÇÃO

Senhor Jesus, eu preciso ser esse agente da paz, quero prover a reconciliação com quem eu quebrei a comunhão. Quero a Sua direção neste momento, preciso tomar a iniciativa. Em nome de Jesus.

DESAFIO

Para restaurar a comunhão, é preciso desistir de provar quem errou. Se for você, peça perdão; se foi a outra pessoa envolvida, tenha compaixão pelos sentimentos dela e não cobre que ela te peça perdão. Perdoe. O que importa é a reconciliação, e não a solução.

APLICAÇÃO PESSOAL

1. Com quem eu preciso me reconciliar?
2. Eu tenho dificuldades de pedir perdão?
3. Sou capaz de perdoar uma grande ofensa que me fizeram?
4. Eu quero que a pessoa sofra pelo mal que me causou?
5. O que eu penso sobre Deus quanto ao que está no meu coração?

19

NÃO SINTO A PRESENÇA DE DEUS

> *Pois Deus disse: "Eu nunca os deixarei e jamais os abandonarei".* (Hb 31:5 – NTLH)

Na escuridão, nunca duvide do que Deus lhe disse na luz. Essa é uma frase que confronta nossa descrença. Todo relacionamento enfrenta dias de extrema proximidade e de igual afastamento. Com o Pai não é diferente. O que nos faz nos aproximar do Senhor é um ato da nossa vontade, querer estar perto Dele. E o que nos afasta é o desejo de estar perto de coisas ou pessoas que estão longe de Deus. Se o seu coração se encontra assim, frio, longe de Deus, você tem uma jornada até chegar perto Dele.

Ele prometeu não nos abandonar, então retorne pelo caminho que o levou para longe de Deus. Procure lembrar o que Ele já fez por você. O filho pródigo encontrou forças e direção quando lembrou como os empregados eram tratados pelo seu pai (quanto mais ele, que era filho), mas estava tão longe da vida de filho e de suas bênçãos que desejava apenas ser tratado como um dos empregados. Ame a Deus mais do que as coisas que estão longe Dele.

Não busque sensações provenientes de experiências que aparentam a presença de Deus. Quando buscamos ao Senhor verdadeiramente, Ele afasta de nós essas sensações para não dependermos delas. Se nosso objetivo é sentir essa presença, vamos ficar cada vez mais vazios, porquanto a ausência de sensações em nossa opinião é a ausência da presença do Senhor. Deus sempre está presente, mesmo que não percebamos sua presença.

ORAÇÃO

Pai, eu não sinto Sua presença como sentia no primeiro amor. Quero voltar a ter a fé de que o Senhor está aqui comigo. Quero me concentrar em quem o Senhor é. Bondoso, amoroso, que está no controle de tudo e que tem um plano na minha vida. Em nome de Jesus.

DESAFIO

Diga a Deus tudo o que você sente: sua raiva, seus desapontamentos, sua descrença etc. Abra o seu coração, não deixe nada sem falar, ponha tudo para fora. Tenha fé de que Deus vai amar você mesmo depois que disser como se sente. Isso é fé, é crer que Deus está aí, mesmo que você não O tenha sentido.

APLICAÇÃO PESSOAL

1. Há algo na sua vida que não vai bem?
2. Seus planos e projetos estão dando certo?
3. Você vive ansioso por coisas que não alcançou?
4. Você tem culpado a Deus por seus fracassos?
5. Qual é a sua responsabilidade no seu esfriamento espiritual?

A MELHOR FORMA DE VIVER

20

> *Deus sempre soube o que estava fazendo. Ele decidiu, desde o princípio, moldar a vida daqueles que O amam com os mesmos padrões da vida do seu filho. [...] Nele, vemos a vida humana em sua forma original.* (Rm 8.29 – A Mensagem)

Temos muitos planos para nossa vida, desejamos o caminho do sucesso, da alegria e da prosperidade. Ficamos extremamente deprimidos quando algo que foge do nosso controle atravessa esse caminho planejado de felicidade e realizações. Esquecemos que todas as promessas vão nos alcançar, ou seja, as bênçãos e as tribulações. Deus sabe exatamente todos os acontecimentos da nossa vida, por isso Ele não é pego de surpresa quando nos rebelamos contra Sua vontade ou mesmo quando um infortúnio nos assola. Ao contrário, Ele continua investindo em nós, pois tem tudo sob Seu controle e governo. Deus governa o universo. Nossa melhor expressão de adoração é compartilhar tudo o que Ele decidiu sobre nós. Qual carreira seguir, a igreja a frequentar, a qual líder prestar contas, o ministério e dons a desenvolver, a quem amar, perdoar, ajudar etc.

Nos planos de Deus, só há um objetivo, moldar nossas vida, pois Ele nos ama com os mesmos parâmetros da vida do Seu Filho Jesus. Que outra vida podemos escolher? Esse é o projeto original, fomos feito para o louvor da Sua glória. Por isso essa é a melhor e única forma de viver.

ORAÇÃO

Senhor meu Deus! Como são maravilhosos Seus planos para mim. Eu não quero desviar de nenhum deles. Eu me submeto, sim, em total submissão, a todos os Seus planos para mim. E desejo viver cada um deles. Essa é a adoração que desejo oferecer ao Senhor. Em nome de Jesus, amém.

DESAFIO

O desejo e o padrão de todos os que estão envolvidos no ministério de louvor é oferecer uma adoração que agrade ao coração de Deus. Essa é a vida do adorador. Peça ao seu discipulador ou líder que exponha todas as suas impressões sobre a vida de adoração que você tem levado. A partir dessa revelação, renda-se a Deus e viva somente o que Ele quer.

APLICAÇÃO PESSOAL

1. Quando percebe que alguém conseguiu algo que você queria e você não, como reage?
2. Se essa pessoa diz que Deus deu a ela, você conclui que Ele não se importou em dar a você?

3. Qual área da sua vida você está evitando entregar nas mãos de Deus?
4. Você tem medo de Deus nunca lhe dar o que pediu a Ele?
5. Você se rende a Deus?

FONTE: ArcherPro

#Ágape nas redes sociais

www.agape.com.br